« Une vie humaine paraît presque toujours incomplète. Elle est comme un fragment isolé dans un long message dont elle ne nous livre qu'une faible partie, souvent indéchiffrable. »

Varouna (1940), Préface de Julien Green

Préface :

Pendant plus d'un an, nous avions rendez-vous le mercredi à 15 heures. « Entrez … Entrez Pascaline » : une invitation à la rencontre.

Pendant plus d'un an, je me suis installée à la petite table ronde et je vous ai écoutée vous raconter doucement au fil des mois.

Dans l'intimité de votre logement, je notais le plus fidèlement vos souvenirs des plus anciens aux plus récents.

Vous vous racontiez avec cette humilité qui vous va si bien. Les émotions étaient si particulièrement présentes : vos rêves, vos espoirs, vos réalisations, vos regrets, vos colères parfois, l'amour pour votre mari, pour votre famille, pour vos amis, pour votre prochain, vos doutes en la société d'aujourd'hui, la solitude de l'âge….

Ce livre fait trace dans une vie …. Traces de la vie d'une femme qui a vécu des époques marquées par la guerre, par l'évolution et le modernisme, par la transformation de la Ville aux Dames, village si cher à votre cœur.

Ce livre est une transmission, un héritage précieux pour votre famille mais aussi pour ceux ou celles qui le liront.

Ce livre est une trace … aussi douce pour moi que les chocolats et les pastilles de miel que vous m'offriez à chaque rendez-vous.

Pascaline Duchemin-Pinard.

Chapitre 1

Souvenirs d'enfance : Le temps de l'insouciance

Je suis née le trois septembre 1927.

C'était un samedi, le jour de la Saint Grégoire. Je m'appelle Monique BREDIF. Je suis née à la maison au 57 lieu-dit la Bonne Dame à la Ville aux Dames.

Ma mère se prénommait Amélie et mon père Henri Emile.

Mon père était originaire de Saint Pierre des Corps. Il habitait au lieu-dit la Morinerie, là où se trouve actuellement le collège Pablo Neruda.

Mes parents se sont mariés à la Ville aux Dames en 1926 et sont venus habiter à la bonne Dame. C'était une ancienne ferme avec des granges et des écuries. Mes beaux-parents se sont mariés aussi à la Ville aux Dames et ils habitaient rue Maryse Bastié.

Mon père avait une très grande instruction. Il a été conseiller municipal pendant longtemps.

Il s'est occupé de la M.S.A retraite. A 65 ans, il a rempli toutes les demandes de retraite des gens. De 1950 à 1952, il a été président de la M.S.A. C'était important à l'époque car il s'agissait là des toutes premières retraites et des tous premiers remboursements médicaux de la caisse mutualité agricole.

Avant 1946, on payait tout de notre poche : les médecins, les médicaments... Mon mari, à son retour d'Allemagne, était très fragile.

Il avait besoin d'un suivi médical important suite au manque d'alimentation et nous devions tout régler de notre poche : les visites chez le médecin, les médicaments, les spécialistes. Cela m'a toujours marqué : 50 francs la visite chez le spécialiste.

Le 27 octobre 1946 : Le Préambule de la Constitution de la IVème République reconnaît le droit de tous à « la protection de la santé, la sécurité matérielle, le repos et les loisirs. Tout être humain qui (...) se trouve dans l'incapacité de travailler a le droit d'obtenir de la collectivité des moyens convenables d'existence ». La sécurité sociale naissait et cela allait changer nos existences.

Mon père était aussi en quelque sorte un inventeur : il a mis en place toute l'installation électrique au niveau des outils de travail. Par exemple pour scier le bois, il avait monté une scie électrique. Pour avoir moins de travail à la main. Les nouveautés pour lui étaient très importantes.

Il allait toujours de l'avant. Il était, si je puis dire ainsi, un pionnier et avait un goût prononcé pour le progrès. Et je crois que c'est ce qu'il m'a transmis et qui m'a guidé bien plus tard vers le bénévolat. Je suis dans son sillon.

Je suis fille unique. Je n'ai donc pas pu partager de tendres moments avec un frère ou une sœur alors c'est avec mes cousins, cousines que je partageais mes jeux d'enfants, et mes vacances.

J'étais une petite fille assez obéissante parce que papa était à cheval sur les principes de l'école. Il avait une grande éducation, il était droit et le droit à l'erreur n'était guère possible avec lui.

Mais cela ne m'a pas empêché d'être une petite fille rêveuse.

Mes souvenirs d'écolière :

J'allais à l'école à la Ville aux Dames. L'école à cette époque commençait à sept ans car la maternelle n'existait pas.

Comme beaucoup à cette époque, nous allions à l'école à pied : qu'il neige, qu'il vente ou qu'il fasse soleil !

Et dans cette merveilleuse désinvolture de l'enfance, nous n'avions rien à perdre mais au contraire tout à gagner. Seuls nos pieds dans leurs galoches battaient la campagne pendant trois ou quatre kilomètres avant de rejoindre les bancs de l'école.

Au bout de la traversée des voies de chemin de fer se trouvait notre école dans le bourg. Nous étions filles et garçons dans la même classe. Une fois par an, au mois de novembre, on prenait le car et nous passions la journée à Tours et nous allions voir le tombeau de Saint Martin.

Les jours de repos, c'était le jeudi. Le matin, nous avions le catéchisme et le patronage le jeudi après-midi.

Nous mangions chez une dame qui nous accueillait le temps du déjeuner. Nous emportions notre panier. Elle nous recevait tous.

Nous mangions dans une salle qui sentait bon le feu de cheminée. Cela nous réchauffait les pieds et les mains mais aussi le cœur car cette femme, au-delà de nous faire chauffer notre gamelle, nous ouvrait la porte de chez elle et nous apportait de la chaleur, de l'humour et du réconfort. Ce potage, chaud à l'heure du midi, c'était quelque chose d'important. Et ce moment qui peut paraître être banal, fait partie intégrante du quotidien de ces enfants insouciants que nous étions. Je ne pouvais pas imaginer à ce moment que cette simple soupe chaude me nourrirait davantage l'âme que le ventre.

J'ai obtenu mon certificat d'étude à 12 ans en Juin 1939.

Nous avions reçu nos prix le 14 juillet. Ce jour-là, nous faisions un spectacle et nous chantions avant la remise des prix. L'institutrice avait un piano portable. La cour de l'école était bâchée. Toutes les familles étaient réunies et les élus ainsi que Monsieur le maire étaient invités. La déclaration de guerre, le 3 septembre 1939, a mis fin alors à mon envie de poursuivre mes études. Coupée dans mon élan, je devais aider Maman.

Mes amitiés enfantines avec mes cousins et cousines :

Je passais mes vacances avec mes cousins Yvette et Marcel du côté de maman, et avec mes autres cousins Madeleine et René du côté de papa. Avec mes cousins, nous partagions aussi le jeudi.

S'il faisait beau, nous jouions à la marelle, à la corde à sauter, ou au jeu des sept familles. On aidait aussi beaucoup nos parents. On apprenait nos leçons car c'était important.

Pour moi, la famille, c'est sacré. Et comme je n'avais pas de frères ou sœurs pour partager mon enfance, mes cousins ont remplacé l'absence d'un frère ou d'une sœur et j'ai nourri des liens particuliers avec eux et une complicité sans faille s'est nouée au fil du temps.

Mes grands-parents, les piliers de mon enfance et de mon devenir :

La maladie a emporté très jeunes mes grands-parents paternels : Joséphine et Sylvain. Ma grand-mère Joséphine allait beaucoup à Tours pour acheter de nombreux livres. Elle lisait beaucoup et elle prévoyait l'avenir.

Elle nous disait à Madeleine et moi : « Mes petites filles, il y aura vous verrez la tribulation des temps : une tragédie. Lorsque vous serez plus âgées vous verrez beaucoup de choses affreuses : des manifestations, des crimes.... ». Et si elle savait aujourd'hui...

Ma grand-mère Joséphine arrêtait les brûlures et certaines maladies aussi. Elle connaissait et ramassait beaucoup de plantes qu'elle faisait macérer et qui pouvaient guérir les brûlures. Elle était très au fait de la biologie.

Ah j'oubliais : elle élevait aussi quelques chèvres. Mes grands-parents paternels aimaient la nature. Ils ont vécu dans une ferme à Saint Pierre des corps. Exactement là où il y a maintenant le stade de football de Pablo Neruda. Plus tard, ils sont venus vivre à la Ville aux Dames. Ma grand-mère Joséphine avait ses parents qui vivaient là où je suis née.

Mon grand-père Sylvain était un homme simple. J'avais moins de relation avec lui mais je l'aimais bien. Mes grands-parents vivaient dans la simplicité. Ils avaient une vie paisible à ce moment-là et ce malgré les traces indélébiles laissées par la guerre 14-18.

Mes grands-parents maternels Aimée et Eugène nous accueillaient souvent et s'occupaient de nous.

Ils sont décédés dans la même semaine. Mon grand-père Eugène s'éteint à la suite d'une bronchite le 24 février 1957 à 87 ans. Quant à ma grand-mère Aimée, elle est partie le 21 février 1957 à 83 ans, des suites d'un AVC qu'elle avait fait à l'âge de 66 ans. C'est un jeune médecin de Montlouis qui a sauvé ma grand-mère de son AVC : le docteur Delafond.
Mes grands-parents maternels étaient de braves gens. Ils ont eu 2 filles et 3 petits-enfants et nous ont beaucoup choyés.

Ils nous gardaient pendant les vacances, dans les moments de fêtes et s'occupaient de moi lorsque j'étais malade. Ils nous habillaient avec ma cousine Madame Dabiran. C'était leur rituel. Ils aimaient nous offrir des vêtements pour les fêtes de Pâques. C'était source de joie pour eux.

Ils étaient chaleureux, travailleurs. Mon grand-père était natif de la Ville aux Dames. Il était fils unique. Il a connu ma grand-mère qui était placée dans une famille. C'est comme cela qu'ils se sont rencontrés. Elle était issue d'une famille de 5 enfants (2 filles et 3 garçons).

Ils ont toujours eu de quoi vivre. Ma grand-mère élevait beaucoup de lapins, de volailles. En 1936, mon grand-père a décidé de faire la donation de ses biens à ses 2 filles, en nu propriété : il y avait la ferme, les granges, les écuries et les terres. Mon grand-père avait hérité cela de ses parents.

J'avais neuf ans au moment du partage. Il voulait que ses filles profitent de ce qu'ils avaient reçu en héritage et qu'ils avaient su faire fructifier.

Chapitre 2

La guerre :

Quels drôles de souvenirs pour une enfant.

Il y a eu les vacances de juillet puis la guerre est venue étouffer mes rêves de jeune fille.

J'avais 12 ans et Papa fut appelé sous les drapeaux. Il était sergent d'artillerie. J'avais 12 ans et j'ai dû rester à la ferme et apprendre par moi-même. Il y avait beaucoup de travail entre la vigne, les asperges, les céréales, le lait, les bêtes.

1939-1940 : c'est le temps de la drôle de guerre et de la débâcle.

Les allemands qui arrivent, le début des bombardements. Puis vient la réquisition. Etrange sentiment, drôle d'époque pour une fillette.

Nous allions jusqu'à la Tranchée à Tours, présenter nos chevaux, tous nos chevaux sans exception. Les allemands choisissaient et prenaient bien sûr les meilleurs.

Je me souviens que nous avons hébergé une famille. C'était nos voisins. Le papa était maçon, ses deux fillettes avaient peur la nuit: Liliane et Christiane Simier. Tous les soirs, nous allions nous cacher dans les caves à Rochepinard où mon papa faisait le vin.

Maman restait à la maison. Nous avions installé des lits sur pied. La maman des fillettes faisait la cuisine. J'avais 7 ans de différence avec Liliane et Christiane. Je les ai élevées en quelque sorte. Tous les matins, je prenais ma bicyclette et je retrouvais maman.

1942 : La Ville aux Dames est en zone occupée. Tout était dur.

En avril 1943 : une dizaine de jeunes de la commune furent réquisitionnés et transférés en Allemagne contre leur gré. Et ce afin de participer à l'effort de guerre allemand que les revers militaires contraignaient à être sans cesse grandissant (usines, agriculture, chemins de fer, etc.). C'est ce que l'on appelle le service du travail obligatoire (STO).

A la libération en **mai 1945**, ils furent libres. Deux ans d'usine, deux ans de manque à manger. Pour survivre, ils trafiquaient beaucoup. Paul, mon futur mari est revenu d'Allemagne en mai 1945, il a vécu et travaillait en usine deux ans là-bas. A leur retour, ils ne savaient plus vraiment qui ils étaient. Il fallait qu'ils se vident, qu'ils parlent, qu'ils racontent pour passer à autre chose.

Il y avait comme une urgence à oublier ce qui s'était passé après la fin de la guerre. Il fallait répandre la joie de vivre coûte que coûte pour oublier les horreurs.

Quand il y avait des réunions de famille, parfois ils parlaient de la guerre. C'était un besoin. Il fallait que ce soit évoqué auprès des générations pour qu'on n'oublie pas.

Il y a dans la maison une pochette Kaki dans laquelle il y a toutes les cartes postales et toute la correspondance entre Paul et sa famille avec les tampons dessus.

Sa maman lui racontait ce qui se passait ici à la Ville aux Dames chaque semaine. Elle écrivait chaque jour et elle lui envoyait un courrier toutes les semaines.

Il y a eu aussi les bombardements des américains avec des bombes fluorescentes. Dès que les alarmes retentissaient, on laissait tout en plan, tout ouvert et on courait se réfugier jusqu' au bord du Cher.

Chez mes beaux-parents, une bombe avait commencé à brûler les escaliers et c'est l'abbé Jérôme qui a éteint le feu. Là où il y a le cellier aux Dames aujourd'hui. Tout le haut de la maison avait brûlé : les 4 chambres et le grenier. Il ne restait que les pièces du bas.

Un personnage important pour notre commune : L'abbé Jérôme Besnard.

En 1943 : L'abbé Jérôme Besnard est muté à la paroisse de La Ville-aux-Dames. Il était très engagé dans la résistance. Il organisait le ravitaillement des trains de déportés, auxquels il faisait parfois parvenir du matériel d'évasion. En contact avec Résistance-Fer, il a participé aussi au sabotage de la voie ferrée. Il a sauvé beaucoup de vie l'abbé Besnard.

Il traversait les voies avec sa soutane et sa mitraillette sous la soutane. C'était véritablement un homme de conviction.

On aurait pu vivre la même chose qu'à Maillé. La folie d'un homme. Un petit village.

On a été protégé par sa présence, sa façon certainement de parler, son charisme et sa fonction en tant que curé.

Il prenait un verre avec chacun d'entre nous. Il ne faisait aucune différence, il était humble. C'était un homme généreux, de reconnaissance, de mémoire. Il n'y a eu aucune forme de représailles dans la commune certainement grâce à lui et à ses actions. On n'a pas pu échapper aux bombardements : le terrain d'aviation, le pont de Montlouis, le pont de la motte. Le bourg de la Ville aux Dames a été détruit.

Il était aussi l'adjoint au maire. Il a poursuivi après-guerre ses engagements politiques.

Il s'occupait aussi du patronage. Les patronages regroupaient de nombreux enfants des milieux populaires. Ce mouvement d'éducation populaire a eu ses heures de gloire entre 1945 et 1950. Le patronage avait lieu le jeudi après-midi. C'était un véritable lieu de rencontre. L'abbé Jérôme nous faisait faire du théâtre. Les spectacles racontaient ce qui se passait dans les campagnes. Il y avait le garde champêtre, les tourangelles comme personnages par exemple.

Le garde champêtre annonçait avec son tambour les nouvelles en donnant trois coups de baguette. On faisait des séquences de théâtre sur la vie du village. La fermière qui ramassait ses œufs avec son panier à deux couvercles. On racontait l'histoire au quotidien.C'était humoristique !

On avait des grands jupons, les bonnets, les foulards.

En première partie de ce spectacle théâtral, il y avait toujours des personnes qui interprétaient des chansons. La fanfare municipale aussi faisait son spectacle. Mon futur mari y chantait.

L'abbé Jérôme Besnard est resté dans notre paroisse 23 ans. De 1945 à 1968 jusqu'à son décès. Il est enterré dans le vieux cimetière de la Ville aux Dames.

Il y a eu 10 prisonniers allemands qui ont vécu dans une écurie à la Ville aux Dames. On les faisait travailler pour entretenir les routes. D'ailleurs, on en prenait un pour nous aider à la culture, on le partageait avec un voisin.

Je me souviens, il ne parlait pas trop français mais à la fin il a pu exprimer ses questionnements : il ne savait pas pourquoi il était là et à quoi pouvait bien servir cette guerre. On a eu de ses nouvelles lorsqu'il est reparti en Allemagne à la libération.

Le peuple allemand comme le peuple français n'a pas eu le choix, pris dans la folie d'un homme. Les soldats allemands ne l'avaient pas voulu non plus cette guerre.

Mai 1945 : Tous les prisonniers sont libérés. On fête la libération en septembre 1945. Cette fête est organisée alors par les pompiers et par l'Harmonie municipale.

C'est le grand-père de mon mari, Louis Renard, qui a formé la fanfare municipale de la Ville aux Dames. Il est décédé en février 1956 à l'âge de 92 ans.

Il fut organiste à la chapelle puis à l'église de la Ville aux Dames. C'est le nom que portera l'ancienne chapelle transformée en salle des fêtes en octobre 1997.

Au niveau du village, il a été fait une grande fête **en septembre 1945** où tout le monde s'est retrouvé. Il y avait des grands panneaux de fleurs. On respirait la joie de vivre à nouveau tous ensemble.

De 1939 à 1945 : On s'est adapté à la privation, à cette vie difficile. On a été endurcis à cette époque-là. Dans la ferme heureusement qu'il y avait la volaille, on se nourrissait bien mais le reste de la vie n'était pas joyeuse. On se serrait les coudes dans les villages. Cette période de guerre m'a volée ma vie de jeune fille.

Ma grand-mère maternelle

Aimée Perré

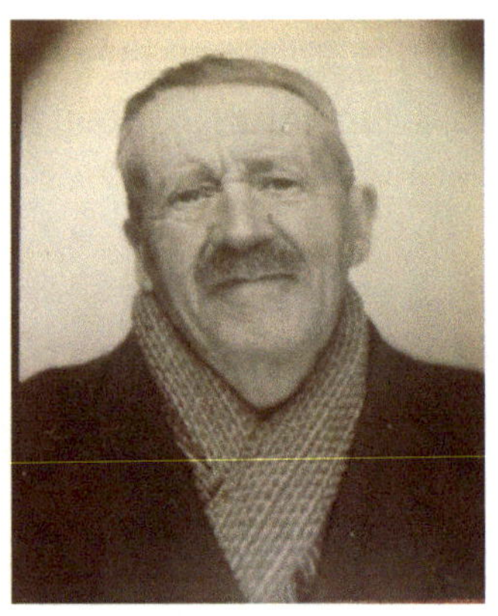

Mon grand-père maternel

Eugène

Mon père Henri-Emile

Maison de mes grands-parents paternels

Fête de la libération. Septembre 1945

1939 : Liliane et Christiane Simier.

Le patronage : 1941-1942 : un Lundi de Pâques
La pagode de Chanteloup . Amboise
L'abbé Neveu devant l'ancienne chapelle. 
Le patronage : la cour de la chapelle
1938-1939
Le patronage 1941-1942  
Le théâtre

Ma cousine Madame Dabiran

Ma cousine Madeleine et son époux

La Ville aux Dames le 27 Août 1944

Mon Cher Paul —

Ça fait déjà un moment que nous n'avons
pas écrit ou tout ce qui se passe en France
car sur la ligne de Paris il ne passe plus de
trains vu que le pont de Montlouis est complète-
ment dans la Loire. Sur la ligne de Vézon ils
passent toujours quelques uns, alors peut-être que
[...] lettre te parviendra au lieu peut-être qu'elle
restera en route. Tu sais peut-être que Tours n'est
pas libéré, mais les Américains sont à Vouvray
et tout de l'autre côté de la Loire. L'[...]edi il
y a eu une réquisition de chevaux et de vélos,
et ils ont ramassé le Pompon. Pauvre Pompon il
[...] seulement finir drôlement ces jours, mais espérons
qu'ils n'aille pas trop loin et qu'on le retrouve.
Ils ont pris celui à [...] à Robineau, au gars de
la boisselière, à Émile [...], à Boutin, à [...]
à Bardet. Et la veille celui à Gaudron.

et des bicyclettes ils en ont ramassé pas mal, mais
pas unes chez nous. ils avaient ramassé celle à Roger
mais comme elle n'avait pas de bons pneux, ils l'ont
laissés. Le cheval noir a M. Papin est crevé. ça l'a
mené vite. à Tours tout les ponts sont sautés, les
pilônes à S. Pierre sont parterre. Sur les avions ont
est tranquille sauf quelques. uns qui viennent rendre
visite aux trains et l'autre jours il a eu un trains
qui a été mitraillé à la gare, et il y a eu des boites
de mitrailleuses qui ont été tombés dans la grange à la
vieux Marchandeau et ça mij le feu à la grange. tout les
jours ils y a du nouveau en France. tu sais peut être
que Paris et libéré, et ça avance toujours. Et toi Paul
qu'esques tu racontes. c'est peut être à ton tour d'être
bombardé, ça fait plus d'un mois que nous avons eu de tes
nouvelles et à présent c'est finí mais espérons que tu
reviennes bientôt. Et on est obligé de labourer avec le
mouton. tout les dimanches ont va se baigner au Cher
et on y va à pieds.
Mon Cher Paul je ne sais plus rien à te dire et
espérant que tu es en bonne santé, et que tu reçoives ma
lettre, je vais te quitter en t'embrassant de tout mon cœur
ainsi que toute la famille qui se joind à moi Jacques
ton petit frère qui t'aime bien

CROIX-ROUGE FRANÇAISE

COMITÉ INTERNATIONAL DE LA CROIX-ROUGE

TAXE PERÇUE

DEMANDEUR — ANFRAGESTELLER — ENQUIRER

Nom - *Name* **DANSAULT**

Prénom - *Christian name - Vorname* ~~Paul~~ Georges

Rue - *Street - Strasse*

Localité - *Locality - Ortschaft* La Ville aux Dames

Département - *County - Provinz* Indre et Loire

Message à transmettre — Mitteilung — Message

(25 mots au maximum, nouvelles de caractère strictement personnel et familial)
(nicht über 25 Worte, nur persönliche Familiennachrichten)
(not over 25 words, family news of strictly personal character)

Pas de dégâts chez nous. Toute la famille est en bonne santé. Nous attendons de tes nouvelles

Date - *Datum* 30 Septembre 1944

DESTINATAIRE — EMPFÄNGER — ADDRESSEE

Nom - *Name* **DANSAULT**

Prénom - *Christian name - Vorname* Paul

Rue - *Street - Strasse* Makosa 7 Banhofstrasse 11 A

Localité - *Locality - Ortschaft* Bodenbach s/ Elbe

Province - *County - Provinz* Sudetenland

Pays - *Country - Land* Deutschland

ANTWORT UMSEITIG   **RÉPONDRE AU VERSO**   **REPLY OVERLEAF**
Bitte sehr deutlich schreiben   Prière d'écrire très lisiblement   Please write very clearly

La Ville aux Dames   Jeudi 3 Août 1944   19 heures

Mon cher petit Paul

Je suis en retard de quelques jours pour t'écrire mais j'espère que cette lettre te parviendra quand même malgré les évènements qui se déroulent et s'augmentent de jour en jour. Les Anglo-Américains ont l'air de pas mal avancer en France ils sont je crois vers Rennes, vont ils venir faire un tour par ici on se le demande je crois que ça ne sera pas bien gai pour nous, serons nous obligés d'aller aux caves ou fuir plus loin. Nous voudrions bien être plus vieux pour voir la fin de ce cauchemar. Ici depuis quelques jours les bombardements ont repris pendant trois jours samedi, dimanche et lundi ils sont venus sur le pont de Montlouis, 2 fois samedi, 3 fois dimanche et enfin 2 fois lundi et ça y est le pont est coupé les arches sont tombées dans la Loire. Nous avons été à avoir 8 alertes dans la journée Tu parles d'un spectacle de voir tous ces avions les uns les mosquitos qui piquent sur le pont et les autres bombardiers qui lancent leurs bombes de très haut 3 avions ont été abattus en 2 jours il y en a un qui est tombé en flammes sur la maison à Noël Petit à la Barre à l'intersection des routes d'Isseau et St Martin le Beau tu penses si tout a été détruit les aviateurs se sont jetés en parachute un a été même amené en camion chez Brault Terrier chez nous, la loge des Allemands qui montent la garde un peu partout ici

[margin, haut gauche] Vous tous t'espère toujours en bonne santé et t'embrasse de tout cœur la maman qui t'aime beaucoup Blanche

[margin, haut droit] Voici le soleil revenu ça fait bien plaisir il avait fait bien frais ces derniers jours. La lettre de ta femme est ce soir à la poste est ce dernier ça doit t'arriver en même temps. Ça doit être habile.

Enfin depuis lundi c'est [sur] Nevers, les ponts, le camp qui sont les objectifs, la ligne de Beïzun [?] vole toujours en jeu. C'est lundi que nous avons reçu ta carte du 13. et 9me[?] on recevait une lettre d'hier du 19 qui lui racontait son séjour parmi eux pendant 3 jours. il dit que tu n'a pas changé depuis la Plagne il le dit pour rire. Tant mieux que tu ne t'ennuie pas. mais il aurait mieux valu que tu passe les vacances ici, enfin nous espérons que tu reviennes bientôt. la maison est terminée le seigle et blé sont rentrés. ce matin nous avons eu un fort orage qui a arrêté de rentrer l'avoine, la grange n'est pas pleine malheureusement, pleine avec tous ces trous de bombes. ça en a enlevé du grain. cette eau fera encore bien du bien aux haricots et pommes de terre. Pierre on a déjà arraché 1 mille à S[?] e[t] A[?]. elles sont belles dit-il. avant-hier il a attrapé un petit accident, un retour de manivelle de la lieuse lui a enfoncé la peinture d'un doigt, julie lui en donne pour 1 mois il a la main bien enflée au moment où je t'écris 3 avions passent encore au dessus d'ici. Nous avons recommencé à aller coucher aux caves je mène maison pour mener Grand'mère et Jeanne et Dominique, Jean Pierre Marie Madeleine vont plus tôt avec G[rand]m[ère]. Petters. Aujourd'hui vendredi je reprends ma lettre arrêtée hier. Nous avons reçu ce matin ta lettre du 24 elle n'a pas mis trop longtemps à venir depuis hier il y a un peu de calme moins d'alertes. ça va-t-il durer longtemps on se le demande. des bruits courts ce matin que des motorisés auraient passés à Angers. est-ce vrai. les verrons nous bientôt des lignes ce ne sera pas avant le commencement de l'année prochaine que nous te reverrons dit-on. espérons plus tôt

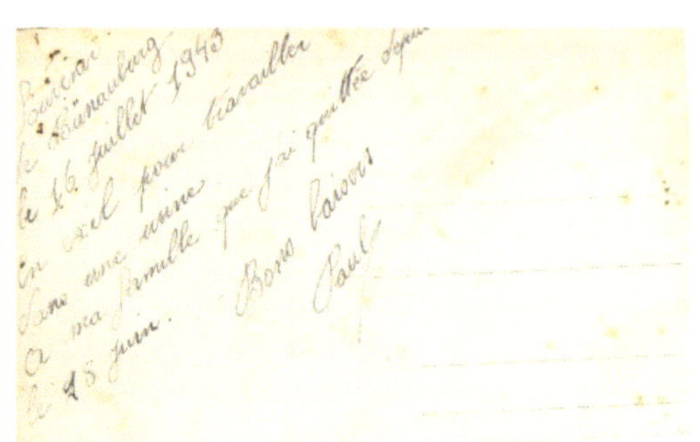

Correspondance de Guerre 16 Juillet 1943. Lettre de Paul à sa famille. (Souvenir de mon exil en Allemagne à Bunauburg écrira Paul sur une autre carte postale le 17 Juillet 1943)

Bodenbach. Photo datant du 27 Juillet 1944

Jouneau–Maître–Lubienat–Etienne–Dansault–Lhoumènie–Miral.

Bodenbach Le 8 septembre 1944

Chapitre 3

Les lendemains de l'enfance.

Mon Mariage avec Paul Dansault et la naissance de nos deux enfants.

Cela aurait fait 70 ans de mariage en 2016.

Il y a 70 ans à cette même date, le 20 septembre 1946, je préparais notre mariage. Avec Paul, nous nous sommes mariés le 28 septembre 1946 et je devenais alors Madame Monique Dansault. J'avais 19 ans quand je me suis mariée.

Nous avions 5 ans de différence. Paul est né le 21 Janvier 1922 et moi je suis née en 1927. Nous nous connaissions un peu puisque nous habitions la même commune.

Mes parents étaient invités au mariage de la sœur aîné de mon futur mari. Mon papa était le parrain du marié. C'était en septembre 1938. Jacques Dansault, le frère de Paul était mon cavalier à l'époque. En 1938, j'avais 11 ans et Jacques 12 ans.

Avec Paul, à son retour d'Allemagne, nous nous sommes alors fréquentés et puis nous nous sommes mariés un an après. On a fêté nos fiançailles au printemps 1946. A l'époque ça se faisait les fiançailles avant le mariage.

C'est l'abbé Jérôme Besnard qui a célébré notre mariage. Il a fait tous les mariages de notre génération. Comme notre église avait été bombardée, on a fait notre mariage à la chapelle.

Il faisait un temps merveilleux. Et je me souviens qu'il y avait eu une semaine de chaleur intense. Un peu comme celle que nous avons vécue ces dernières semaines. Il y avait aussi un camarade qui revenait d'Allemagne qui s'est marié la même semaine que nous mais lui c'était le jeudi.

Nous étions 100 personnes. Nous avons été mariés par le maire Mr Dansault qui était un cousin germain du coté de mes beaux-parents. C'était très fréquent à l'époque dans les villages : Les familles rurales étaient toutes un peu cousines.

Notre repas de mariage s'est déroulé au café de l'union : là où il y a aujourd'hui la Cale sèche. En haut, il y avait la salle de restauration et en bas la salle de danse. A cette époque tous les mariages se faisaient là. C'étaient des particuliers qui tenaient ce lieu. Il faisait un soleil magnifique ce jour-là. Il y avait un photographe. Cela a été une grande joie de célébrer ce mariage. Parce qu'après l'horreur de la guerre, on fêtait l'amour, la liberté. Enfin !

J'ai été heureuse toutes ces années passées avec et près de lui et ensemble nous avons eu deux enfants : Jean jacques est né le 26 Juillet 1947 et Marie Claude est née le 10 Juillet 1951.

Quand mon fils est sorti de l'école à 14 ans, il a eu la possibilité de poursuivre ses études soit dans un centre agricole soit par correspondance. Il a choisi de tout faire par correspondance. Et il a eu tous ses diplômes.

Il avait des devoirs toutes les semaines. Il y a eu une personne qui restait pour accompagner et aider mon fils. Cet homme-là prenait plaisir à partager ses connaissances et à les transmettre à notre fils. Cela n'a pas été évident pour notre fils. Pendant trois ans, il travaillait avec nous la journée et le soir il travaillait ses cours.

Puis il a pris la suite tout de suite après le décès brutal de mon mari. Il a fallu faire la succession. J'avais 59 ans.

Le choix se posait de savoir si je continuais l'exploitation et avec comme aide familiale mon fils ou bien s'il reprenait complétement l'exploitation à son compte.

Nous sommes allés chercher du conseil à la MSA et on nous a donc orientés vers la deuxième solution. Nous lui avons fait confiance. Cela a fait 30 ans fin d'année 2016 qu'il a repris le flambeau.

J'étais considérée dès lors comme étant à la retraite. Il y a trente ans, on ne versait pas de cotisations pour les droits à la retraite, ce qui explique que les retraites des agriculteurs n'étaient pas très élevées. Le contexte était donc différent d'aujourd'hui : il fallait de l'argent pour vivre mais nous trouvions nos ressources avec les revenus de la terre et de ce que la nature nous apportait dans le milieu agricole : Le bois pour le chauffage, les légumes....

Notre fils, Jean Jacques, est parti faire son service militaire du 03 Novembre 1966 jusqu'en Mars 1968. Il est parti 16 mois en Allemagne. Durant ces 16 mois il n'est rentré qu'une seule fois ou deux en permission.

Cela forgeait l'esprit. Les notions d'autorité et de respect étaient encore transmises à cette époque-là. Il a fait son service dans un régiment d'artillerie et ce n'était pas facile tous les jours.

Ensuite quand les jeunes rentraient du service militaire, le quotidien reprenait le dessus : se marier, fonder un foyer.

A mon époque, nous nous marions avec les hommes ou les femmes de notre commune. Pour mes enfants, la vie avait déjà changé. C'est lors d'une sortie, que mon fils a rencontré son épouse. Elle n'était pas du métier. Elle habitait Chisseaux.

Elle avait fait ses études à Amboise. Elle travaillait dans les bureaux à la sécurité sociale agricole : la M.S.A.

Ils se sont mariés et ils sont venus habiter à la Ville aux Dames.

On avait un peu de travail pour Marie Claude notre fille mais elle a toujours su se débrouiller un peu toute seule.

L'année où elle devait passer son certificat d'études, leur institutrice dormait tous les après-midi. Autant dire que le programme scolaire n'était pas respecté et les enfants avaient pris un sacré retard.

Nous avons fini par vouloir retirer nos enfants de l'école et nous avons eu une dérogation de l'éducation nationale pour 12 parents.

Il a fallu trouver une école rapidement. Nous l'avons inscrite à la Providence rue Bernard Palissy à Tours. A l'époque, il y avait encore des trains à la Ville aux Dames. C'était une Micheline rouge et blanche. Les enfants pouvaient donc prendre le train. Marie Claude allait tous les matins à bicyclette jusqu'à la gare. Le temps a passé et elle a obtenu son certificat de fin d'étude. Elle a passé son certificat à Rabelais. Il a fallu que tous ces enfants que nous avions retirés de l'école rattrapent le temps perdu.

La directrice de l'école de la Ville aux Dames, tenait un commerce avec son mari, une charcuterie et elle s'est proposée d'aider Marie Claude en lui donnant des cours supplémentaires. Il a fallu mettre les bouchées doubles et cela n'a pas été simple. Heureusement qu'il y a eu la force du groupe des parents et l'aide de la directrice de l'école.

A la providence, il y avait des centres de vacances et cela permettait aux enfants de partir en vacances. Car, nous avec notre métier, on ne partait pas en vacances. Ils ont pu découvrir la mer, la montagne et partager des bons moments de camaraderie avec d'autres enfants. Marie Claude a passé ainsi une semaine ou deux à Bagnères de Bigorre dans les Pyrénées.

Marie Claude aimait le commerce alors elle a fait des remplacements.

Il y avait des petits commerces à Saint Pierre : 4 épiceries, 4 cafés. Puis elle a travaillé aux Docks de France. Ils employaient des jeunes qu'ils formaient sur le terrain. Cela lui plaisait beaucoup : le commerce, les relations humaines. Le patron lui a même laissé la responsabilité du magasin pendant les trois semaines de congés payés.

Puis, elle est partie travailler sur Montlouis dans une entreprise de confection qui travaillait le nylon, le plastique.

Elle a connu un jeune homme à Montlouis et elle s'est mariée en Octobre 1973. Elle est partie vivre dans le vignoble à Montlouis avec son époux. Elle a toujours aimé être indépendante.

Puis la vie s'est écoulée ainsi au gré des saisons, au gré des changements, au gré des larmes de joie ou de peine. Nous sommes devenus grands-parents de 4 petits enfants :

-Les enfants de Jean-Jacques : Véronique est née le 9 mai 1971 et Frédéric est né le 2 avril 1976.

-Les enfants de Marie Claude : Sandrine est née le 19 Juin 1976 et Sébastien est né le 25 Juillet 1980.

Paul nous a quitté brutalement en juin 1986 et la vie a continué malgré tout et la famille s'est agrandie avec 6 arrière-petits-enfants : Baptiste et Clémence, les enfants de Véronique, Manon et Elise, les enfants de Frédéric, Dorian, le fils de Sandrine et Oscar le petit dernier de Sébastien. Les enfants sont la chose la plus précieuse dans la vie et je peux dire que mes enfants, petits-enfants et arrière-petits-enfants m'ont toujours rendue heureuse et fière.

Paul. Photo prise à Bodenbach en Allemagne. 1943

Paul. 1944

Le jour de nos fiançailles Mai 1946

1/ Louis Renard. 2/ Les parents de Paul. 3 / Le grand-père Eugéne. 4 /Mes parents. 5/ Mr Robineau Georges. 6/ La sœur de Maman, Marie. 7/ La sœur de Papa, Emilie. 8/ Jean-Pierre, Marie Madeleine, Dominique, les enfants de Pierre et Jeanne Chatrefou 9 ; 10/ René Quillet 11 /Daniel Renard. 12/Madame Dabiran et son frère. 13/ Les cousines jumelles Jacqueline et Lucette Renard

Notre mariage : le 28 septembre 1948

Jean Jacques 18 Février 1950

Marie Claude et sa poupée 1963

Marie Claude devant la maison où je suis née. 1963

Génération Dansault-Renard le jour des fiançailles de Jacques Dansault à Thilouze.

1 / Louis Renard. 2 / Jean-Jacques, notre fils. 3/ Jean-Pierre Chatrefou. 4/ Lucien Renard. 5/ Jacques Dansault. 6/ Michel Moreau. 7/ Dominique Chatrefou. 8 / Paul

Les fiançailles de Jean-Jacques

Les fiançailles de Marie-Claude

Nos arrières petits -enfants

Chapitre 4

De mon village natal : La Ville aux Dames

Vivre et Evoluer dans un monde agricole

Ici, à la Ville aux Dames, je suis chez moi. Je suis vraiment chez moi. J'ai passé toute ma vie ici sur cette terre, dans ce village que j'ai vu évoluer, se modifier, se transformer au fil des années.

L'agriculture et son évolution à la Ville aux Dames :

Il y avait à l'époque 250 vaches laitières sur la commune. On avait quatre laitières qui ramassaient le lait issu de la traite des vaches le matin.

A cette époque-là, il y avait que du naturel, du bio. Nous nourrissions nos animaux avec des betteraves, du maïs issus de notre production.

On avait un gardien de vache qui emmenait les vaches de tout le monde pacager (manger) dans un grand espace. Il y avait trois entrées qui correspondent aujourd'hui à la rue Louise Michel, à la rue Maryse Bastié et à la rue Suzanne Baladon. Les bêtes y étaient rassemblées en plein milieu du lotissement actuel. Chaque ferme avait en moyenne 5 vaches.

On avait trois chevaux. Nous les nourrissions avec de l'avoine que l'on concassait .Tout cela, ç'était notre travail biologique jusqu'à la guerre. Cela s'est modifié avec l'arrivée de la modernisation à partir de 1945.

Après 1946, il a fallu changer nos méthodes de travail.

Nous ne pouvions plus traverser les routes sans danger, la circulation devenait trop dense. Il y avait toujours une personne avec un drapeau rouge pour faire la circulation et sécuriser aussi le passage des bêtes.

Nous faisions tout à la main : battre le blé, les bauges de foin. On travaillait les vignes à la main aussi. On travaillait très dur mais c'était notre histoire de famille, la vie de l'époque.

Avant cette période, on avait des bêtes. On les nourrissait biologiquement : avec du maïs, des choux, des citrouilles, betteraves. Eté comme hiver.

Tout était semé à plein champ. On gardait les graines des citrouilles. Dans la partie sableuse, on y mettait les choux fourragers que l'on coupait en pleine fleur, ils étaient très hauts. On semait les betteraves en bordure du cher (les champs étaient situés entre l'actuel Leclerc et la mairie). On faisait des silos de betteraves à la maison, qu'on recachait de terre et de paille.

On faisait aussi du lait biologique. Mes enfants ont été élevé tous les deux au lait de vache. J'allaitais mixte c'est-à-dire que j'allaitais et je donnais le biberon au lait de vache en stérilisant le lait. C'était du bon lait parce que nos vaches étaient nourries sainement. Il n'y avait pas toutes les précautions et règles d'hygiène qu'il y a aujourd'hui et les enfants n'étaient pas plus malades qu'aujourd'hui !

Puis petit à petit l'évolution nous a conduits à faire différemment, à nous adapter et cela a entraîné de grosses responsabilités. L'évolution a commencé avec ma génération.

Entre 1950 et 1955 : il y a eu l'arrivée du matériel plus sophistiqué, les pesticides.

En 1952 : l'arrivée de la moissonneuse batteuse a révolutionné la culture et surtout la commune parce que cela a été un coup de foudre. Certains agriculteurs ne voulaient pas de cette évolution. Le changement était plus dur pour certains. Il y a eu de la critique féroce.

En 1953 : l'année où j'ai passé mon permis de conduire.

Beaucoup de femmes ont passé leur permis de conduire à cette époque-là. C'était incontournable surtout lorsque nous avions des enfants. Il fallait beaucoup se déplacer. Notre autonomie de femme en passait aussi par là je crois. J'ai arrêté de conduire en 2013.

A partir de 1955 : Si nous voulions que les jeunes qui venaient travailler chez nous, restent et si nous voulions continuer d'exister, il fallait en passer par la modernisation quel qu'en soit le prix. Puis les premiers tracteurs ont fait leur apparition à la Ville aux Dames. Il fallait faire des emprunts pour les acheter.

En 1956, un grand hiver : 3 semaines en février vraiment dures. on ne chauffait que la pièce principale à cette époque-là avec la cuisinière à bois. On avait la scie électrique pour couper le bois.

Nous avions des journées harassantes, dures, vraiment dures. C'était le temps de la polyculture. Nous faisions le marché de Tours.

1963 à 1965 :

A l'époque et avant l'arrivée de la modernité, on ne se posait pas de questions et chacun vivait avec les moyens du bord. C'est vrai nous avons apprécié la modernité et le confort qui allait avec : la salle d'eau, le chauffage malgré les dépenses supplémentaires. Nous avons racheté en face de chez nous la maison de maçon en 1961 et en 1963, nous faisions les travaux sanitaires et de chauffage. On commençait à avoir le confort d'une vie moderne.

En 1963, Nous avons dû vendre nos vaches laitières et transformer l'exploitation afin qu'elle puisse être rentable. Nous avons même formé des jeunes en apprentissage sur l'exploitation.

Je me souviens d'un jeune garçon qui venait de Poitiers, il s'appelait Dominique Belluard. Nous avions mis une annonce dans le journal. Son père a pris le train, l'a emmené directement chez nous et il nous l'a laissé.

L'après-midi, le papa est reparti laissant Dominique en disant « je vous le laisse et vous verrez bien si cela lui convient ». Il avait 14 ans quand il est arrivé chez nous.

Nous lui avons fait passer son permis et ensuite il s'est acheté une voiture. Il est resté avec nous jusqu' à son mariage. Nous le considérions comme l'un de nos enfants.

Nous avons eu aussi des enfants de l'assistance publique. Pas facile pour ces enfants qui étaient placés d'office à l'assistance. Nous avions des relations avec l'assistance publique.

A l'époque, les enfants issus de familles séparées, ou qui ne s'entendaient plus, étaient placés à l'assistance. Il y en avait beaucoup à cette époque-là. Il y avait des familles où l'alcool était très présent. En somme, nous remplacions un peu la famille pour ces enfants. Il manquait à ces enfants-là l'éducation et l'affection. L'éducation se faisait avec nous et on essayait de leur apporter la valeur du travail et une certaine rigueur de la vie comme le respect. A l'époque, il y avait des grandes familles, et il fallait placer les enfants pour qu'ils puissent apprendre un métier.

Donc à partir de 1963, nous avons changé nos cultures et nous avons orienté notre choix de culture vers l'endive. Cela a engagé beaucoup d'emprunts. Il fallait suivre quand même.

Cela demandait beaucoup de travail mais nous le faisions pour accompagner notre fils qui reprendrait un jour l'exploitation.

Nous vendions notre récolte au marché de nuit aux Halles. On se levait à une heure du matin pour aller vendre les asperges aux Halles de Tours. Le marché commençait à 6h30-7h00.

<u>A partir de 1974,</u> ce fut la fin du marché de nuit et à partir de la fin 1974, nous faisions alors le marché de gros à Rochepinard.

On y allait à 13h. Le marché ouvrait à 13h30. On terminait le soir dès que nous avions fini de vendre tout ce que l'on avait, plus les livraisons pour les grossistes qui nous avaient commandés des endives.

Le marché de gros : c'était la période où nous travaillions pour bien gagner notre vie. Nous pouvions profiter de la vie et nous investissions pour l'avenir. Cela nous a permis d'acheter des terres et un petit appartement à la mer pour nos enfants, petits-enfants, arrière-petits-enfants.

<u>En 1976</u>, il a fait chaud cet été-là. Pour l'arrosage, nous avions des rampes d'arrosage que nous déplacions à chaque fois. Il fallait être à plusieurs.

De chez nous, avenue Georges Sand à l'avenue Jeanne D'arc : nous avions un système d'arrosage qui se déclenchait afin d'éviter que notre puit se désamorce.

On a arrêté les endives en 1992. Mon fils a continué les pommes de terre, le chou-fleur.

Le 2 avril 1976, Nous changions pour la première fois d'heure. Ce changement horaire a été institué par Giscard pour économiser le fuel. C'est aussi la naissance de mon petit-fils Frédéric.

<u>Une vie de labeur :</u>

Le travail était très dur mais la vie était saine : nous avions à portée de main le lait, la volaille, les légumes. La nourriture était biologique.

Nous cultivions du blé, des céréales, de l'orge, de l'avoine. Nous plantions du chou, du trèfle pour les vaches laitières et de la vigne sur la Ville aux Dames, sur Montlouis.

<u>La vigne :</u>

Nous dégrattions en permanence chaque cep de vigne à la période de décembre. C'était la période de la taille. Après les labours de septembre, on utilisait le cuivre et le souffre sulfate, et on préparait tous nos tonneaux. Au début on sulfatait avec la sulfateuse à dos, puis il y a eu la sulfateuse avec les chevaux : cela couvrait 4 rangs de vigne. Nous prenions nos repas au moment des vendanges dans le camion. Je préparais le repas le matin à la maison, je m'occupais des vaches et ensuite je partais avec le camion pour aller nourrir les vendangeurs.

Pour fêter la fin des vendanges, on tuait un porc et on faisait nous-mêmes les rillettes.

Nous mettions notre vin en bouteille et nous allions aussi le vendre dans la Vienne deux fois par an à Chauvigny chez le frère de nos amis de Tours.

Je me souviens qu'ils travaillaient tous les deux à la fabrique de porcelaine de Chauvigny et j'ai pu grâce à eux m'offrir un service de vaisselle tout entier en porcelaine de Chauvigny. Service que j'ai toujours à la maison.

<u>Les moissons</u> :

Les moissons s'étalaient de Juillet à Septembre.

Il y avait une seule machine dans la commune : pour 10 agriculteurs au départ, en 1952, je crois.

Les agriculteurs s'entraidaient. Pour faire les moissons, il fallait une vingtaine de personnes. Chaque personne avait un rôle défini, c'était toute une organisation, un art de travailler ensemble.

Il n'y avait pas de vacances à ce moment-là. On s'entraidait de ferme en ferme, entre voisins. En somme c'était une sorte d'échange de temps donné entre les uns et les autres et ça marchait bien. Les femmes faisaient la cuisine. On installait de grandes tables dans les granges. 7h30 : c'était le petit déjeuner avec du hareng, des sardines, les rillettes et pour midi par exemple on faisait un bon pot au feu.

Les machines fonctionnaient aux briques de charbon et beaucoup d'eau. C'était toujours des préparatifs comme un déménagement. Il fallait 3 chevaux pour monter la batteuse, plus la lieuse et la machine à vapeur au bout.

C'est vrai que le travail était dur mais il y avait du partage. Il y avait un syndicat dans la commune : chacun avait sa ferme, ses terres mais il y avait un soutien fort entre nous. On mettait au début le grain en sac et ensuite en vrac dans des remorques et on allait livrer le blé à Saint avertin, tout à fait en haut au silo. Un jour, mon mari est parti livré du blé, un pneu a crevé et il a fallu changer de roue avec la remorque pleine.

Les blés n'étaient pas traités, on allait couper les mauvaises herbes et les chardons. Les céréales étaient considérées meilleures avant l'arrivée de tous ces traitements.

Puis il a fallu faire des choix avec l'évolution et chaque propriétaire a eu finalement sa propre moissonneuse.

Pour fêter la fin des moissons, on faisait une réception avec un grand dîner. C'était une fête avec beaucoup de joie. Les gens étaient fatigués mais heureux d'être ensemble.

Dans certaines communes, ils ont fait perdurer cette fête que l'on appelle les battages à l'ancienne. Cette fête permet aussi de maintenir et d'entretenir l'amitié et le souvenir d'une vie ancienne. C'est aussi cela le patrimoine que l'on partage.

Les cultures : des céréales au maraîchage

Les céréales : le blé en novembre, l'orge, le seigle et le trèfle au début de l'année en mars, avril puis le chou fourrager au printemps.

Nous semions des citrouilles en avril-Mai. Nous cultivions aussi les betteraves : cela servait de nourriture pour nos bêtes. Les betteraves demandaient beaucoup de travail : arracher, couper la racine, les nettoyer. Les agriculteurs travaillaient à la main et avec les chevaux.

Nous semions aussi du trèfle pour faire de l'humus et nous faisions des moutures avec l'orge aussi pour nourrir les animaux.

On allait couper les chardons dans les champs pour qu'ils ne grainent pas avec la faucille. Tout était biologique.

L'entretien de tous les harnais se faisait avec un métier qui aujourd'hui n'existe plus : le bourrelier. Il venait une fois par semaine et une fois par mois, à la maison pour entretenir les cuirs, tout le harnachement des chevaux (selles, colliers). Chaque agriculteur prenait le bourrelier une fois par mois pour les entretenir. C'était un travail de fourmi à l'époque.

Il y a eu aussi la notion de rendement. On ne pouvait pas faire n'importe quoi. Beaucoup de travail manuel : les chevaux, la charrue, le brabant.

On plantait les poireaux, les pommes de terre à la main en plein champ. Et après on a eu une planteuse pour les pommes de terre. Et pour l'ensemble des plants ensuite.

On traçait nos sillons. Au début, on faisait nos plants nous-mêmes : laitue, chou-fleur, poireau. Pour éviter les vers, on mettait des granulés. Se Lever, se baisser, se lever, se baisser...

Les plants de chou-fleur étaient livrés du Maine et Loire en mottes.

<u>Les asperges : le produit phare de la Ville aux Dames.</u>

La Ville aux Dames était réputée pour les Asperges.

Il y a eu une crue en 1856 et en 1866 du côté de la ligne de chemin de fer. La Ville aux Dames a été inondée et c'est pour cela que nous avions autant de sable que par conséquent la culture des asperges s'est développée.

Nous avions suffisamment de terrains pour planter des asperges, Le travail de l'asperge s'étalait de fin Mars au 24 Juin.

Quand on plantait les griffes d'asperges, on récupérait le fumier de vache, de cheval. On avait des tas de fumier dans les cours des fermes à l'époque.

Nous avions un modèle pour faire la botte d'asperges : les bottes d'asperges étaient attachées avec un brin d'osier. Les balles d'osier étaient commandées dans le Maine et Loire.

Le moule d'asperge représentait un Kilo d'asperge. C'était que du travail manuel : Laver les asperges à la brosse, ensuite les mettre dans des bâches en osier avec de l'herbe dans les coins pour qu'elles soient fraîches pour le lendemain.

C'était beaucoup de travail entre le taillage de la vigne, récolter tous les deux jours les asperges, les vaches...

Mon fils a continué les cultures : les endives, un peu de vigne, les céréales. Cela faisait beaucoup.

Au moment de la moisson, il fallait que j'aide mon fils : emmener le matériel par exemple. J'en ai fait des tours et des tours. A ce moment-là, il livrait les grains à la coopérative de Cormery puis à la coopérative de Druyes qui venait chercher les grains directement dans les champs. Beaucoup au début et au fil des années cela s'est estompé.

En 1992, nous avons arrêté la production d'endives. Mon fils a planté davantage de pommes de terre. Il avait une grosse arracheuse et je continuais à l'aider. Je commençais petit à petit à m'épuiser.

Nous avons eu des vies familiales et professionnelles bien remplies, nous avons profité de beaucoup de choses avec peu : les hivers avec la bernache et les marrons, les veillées, on jouait aux cartes, l'été avec les fêtes à la fin des moissons et on s'en contentait.

Pour la fête des laboureurs, nous avions une messe personnelle. Nous allions ensuite manger au restaurant. Là où il y a actuellement le restaurant de la Cale sèche.

On aimait bien boire un petit coup, c'était la joie de toute une communauté agricole. Le travail était très dur mais on prenait le temps de rire, de passer des moments ensemble. A chaque fête de la commune, chacun donnait son petit coup de main, chacun participait comme il le pouvait.

L'évolution technologique dans le milieu agricole fut importante et a permis de mieux rentabiliser, de mieux contrôler à condition bien sûr d'avoir la possibilité financière, visionnaire nécessaire pour changer. La seule chose dont nous ne sommes pas maîtres sur cette terre, c'est la météo. Nous n'avons aucune prise sur elle. Elle peut nous offrir la plus belle année comme la pire. C'est aussi pour cela que je voulais écrire dans ce livre un passage tout récent mais qui a marqué mon été 2016 et qui a entaché le travail acharné de mon petit-fils Frédéric et de de nombreux agriculteurs comme lui.

<u>Début Juin, une partie de la Touraine a les pieds dans l'eau.</u>
Chacun à la M.A.F.P.A ou ailleurs suit avec attention la montée du Cher. Le plan ORSEC est déclenché. Ces évènements ont laissé quelques traces encore visibles dans les champs et ravivent les souvenirs de Madame Dansault. Elle souhaite ce jour-là me conduire au bord du Cher et sur les terres de son petit- fils.

Nous prenons la voiture de service et nous voilà parties toutes les deux pour une visite guidée.

Dans les champs, on peut voir une démarcation : celle qui signe la sortie du lit du Cher. Il y a toute une partie où l'on peut voir l'étendue des dégâts : les blés sont couchés, la perte considérable de la récolte de l'été 2016. On peut voir une partie des parcelles appartenant au petit fils : tout a été fauché. Il ne faut pas perdre de temps : remplacer au plus vite ce qui a été englouti par les eaux. Madame Dansault me dira « Il a fauché vendredi le blé. Mais dans l' ensemble les récoltes vont être très moyennes cette année, la répercussion économique ne se fera que l'année suivante »

Il y a de nombreuses années, il a été fait une servitude. Le gaz a traversé tout la prairie jusqu'à Orléans. Il est enterré très profond. C'est le panneau jaune qui indique : c'est un point de repère et ils ont dû faire ce point de repère plus grand avec la crue afin que l'on puisse toujours le voir.

8 jours avant la crue, il venait de semer le maïs. C'est de grosses pertes partout. Les assurances remboursent pour les dégâts occasionnés dans les maisons mais rien pour les récoltes sur pied.

Ils ont ressemé un peu de millet, il y a quelques jours pour pouvoir récolter en décembre.

Pour mon petit fils qui vient de reprendre la suite, cela va être difficile de joindre les deux bouts entre les semences, les emprunts, les locations des terres. Sur 120 hectares, il y a 80 hectares sous les eaux.

Il travaille avec une conserverie, par l'intermédiaire de la famille de son épouse. Tous les ans, il change de légumes : Maïs doux, carottes nouvelles, petits pois, scorceneres. Les scorceneres se ramassent entre février et Mars et il les a semés entre avril et mai. C'est très long à pousser. Il y a deux ans il a fait une très bonne récolte. Il loue des terres à son cousin à Conneuil.

L'année dernière, il avait laissé son tracteur dans le champ et quand il est revenu, le tracteur avait été désossé. Quand il a voulu le mettre en route, il n'y avait plus rien. Et on ne sait pas qui a fait cela.

C'est une année où il y n'aura pas beaucoup de vins ou de fruits entre le froid, le gel, la pluie. Dans la vallée du cher, il y a beaucoup d'horticulteur, de viticulteur, de maraîcher. C'est une année catastrophique qui s'annonce.

Dans certains endroits, pour nourrir les animaux, cela va être dur je pense jusqu' à la fin 2017 parce qu'il n'y aura pas assez de fourrage ou de maïs.

Pour le blé, il y a un peu d'avance mais cela va se ressentir surtout sur l'année prochaine parce qu'on va devoir puiser dans les réserves.

Le docteur Gatignol a sa ferme au pied du cher. Il a été obligé de parquer ses moutons et ses chevaux autour de sa maison. 3 jours sans pouvoir accéder à la ferme.

Ce matin, le 20 juillet 2016, j'ai entendu sur France Bleue la météo de Parcay meslay que dans les années à venir, nous allons avoir + 5 degrés de réchauffement par an. Maintenant, on a des informations météorologiques plus précises. En 2016, il y aura moins d'hiver ou disons que les hivers à venir seront doux. Mes enfants au moment de la moisson, ils téléphonaient à la Météo pour savoir le temps. Le temps est devenu insaisissable.

<u>Vivre et évoluer : De la ruralité à l'urbanisation :</u>

Il y avait beaucoup de propriétés agricoles à l'époque jusqu'en 1945. Puis il y a eu les constructions après-guerre. La Ville aux Dames a perdu peu à peu de son caractère rural.

<u>En1950 :</u> il y avait à peu près 1000 habitants et aujourd'hui nous sommes un peu plus de 5000 habitants.

<u>En 1963 :</u> les premiers lotissements voient le jour.

Il y a eu de moins en moins d'agriculteurs et les emplois se sont diversifiés avec l'arrivée des usines comme Faiveley Transport par exemple, des enseignes de grande distribution comme le Leclerc. Au fur et à mesure les champs ont fait place à l'industrie.

Il y a eu aussi une grande usine de meubles qui a racheté les terrains. Beaucoup de personnes de la Ville aux Dames ont travaillé dans cette usine.

Puis Madame le Maire de Saint Pierre a pris la main sur les terrains situés à la Morinerie pour construire le collège Pablo Neruda et le terrain de sports.

La Ville aux Dames a connu entre les années 1970 et 1980 une forte croissance démographique et il a fallu, pour répondre aux besoins, créer des grandes infra structures comme les écoles, la bibliothèque, la piscine ...

<u>Aujourd'hui là où il y a:</u>

- <u>le Leclerc</u> : Avant c'étaient des vignes, des champs d'asperges, des champs de citrouilles.

- <u>le terrain de foot</u> : on fauchait le foin pour l'hiver

- <u>l'avenue Jeanne d'arc</u> : on y faisait le maraîchage.

- <u>Notre dame de prou secours</u> : c'était une petite chapelle située en plein champ autrefois

En 1986, il y a eu la construction de la ligne du TGV. C'était un gros chantier sur deux ou trois ans.

Oui, c'était un sacré chantier, laborieux, pour tous les propriétaires. Il fallait accepter que le TGV passe par là. Cela a changé considérablement le paysage. En plein milieu des champs.

A l'époque, cela nous semblait colossal. Aujourd'hui, on n'y prête plus attention, cette ligne de TGV fait partie de notre paysage.

<u>Entre fin 1986 et 1990</u> : Avec l'arrivée du TGV, beaucoup de promoteurs ont acheté des terrains à construire. Il y a eu beaucoup de constructions. Cela a duré quatre ans entre la proposition d'achat des terrains et les constructions. Il y a eu les évaluations des terrains et j'ai dû revendre des terrains à construire pour payer la succession suite au décès de mon mari.

A l'époque, l'enjeu politique et historique de la Ville aux Dames comme bien d'autres villes était le logement social et qui s'est amplifié avec la loi du 31 mai 1990, la loi Besson.

Comme il y avait de plus en plus d'habitants et par conséquent de plus en plus d'enfants, le groupe scolaire a été construit.

Les premiers maires de la Ville aux Dames étaient des membres de nos familles.

La Ville aux Dames doit son nom à une communauté de religieuses qui communiquaient avec Marmoutier. Le nom des rues ne sont que des noms de femmes célèbres. Ces appellations furent données entre 1990 et 1992. Avant c'étaient uniquement le nom de lieu-dit. Les seules rues ou places ne portant pas de noms de femmes sont la place du 11 novembre, la place du 8 mai, la rue des levées et l'impasse de La-Dame-en-Noir, en hommage à l'abbé Jérôme Besnard. La Dame-en-Noir fait référence à la soutane de l'abbé.

De la chapelle à la salle Louis Renard

La chapelle a vu le jour grâce au père Audet.

Le prêtre venait de la Riche et il venait tous les dimanches à la Ville aux Dames répondre la messe. Cette expression utilise le verbe "répondre" dans le sens de "donner" la messe, car il s'agit bien ici pour le prêtre qui la prononce à haute voix de "répondre" à la demande des paroissiens, venus à l'église, pour écouter la messe.

Mes grands- parents maternels allaient jusqu'à La Riche, tous les dimanches, chercher le prêtre en carriole avec les chevaux. Après la messe, il déjeunait avec nous.

Le Père Audet a écrit une longue lettre pour répondre aux plaintes de ses paroissiens trop éloignés de l'église et qui ne pouvaient donc pas se rendre à l'office à chaque fois qu'ils le désiraient.

Le Père Audet défendit donc le projet de créer un centre religieux au Grand Village, en plein milieu de l'agglomération de la Ville aux Dames. Un ancien corps de ferme avait été donné au presbytère.

Il demanda alors à ses paroissiens de participer afin que cette chapelle puisse voir le jour et puisse permettre alors de célébrer des messes, faire le catéchisme, et les messes de Noel s'il faisait trop mauvais temps pour se rendre à l'église.

La chapelle fut ouverte en 1932. J'ai fait mon catéchisme dans cette chapelle et ma profession de foi en 1939 à l'église.

C'est l'abbé Jérôme Besnard qui a pris la suite du Père Audet. Il officia pendant 25 ans. Puis ce fut le Père Michel Lansigue qui y officia pendant 17 ans.

Il y avait 4 rangées de bancs de chaque côté. Au début on avait des chaises qui faisaient du bruit. La chapelle pouvait accueillir 400 personnes. Ensuite le prêtre a fait faire des bancs.

On chauffait la chapelle avec le poêle qui était dans le coin puis après on a eu le chauffage au gaz.

Quand on y faisait du théâtre, on faisait salle comble. Les 2 piliers ont été conservés ainsi que les poutres et l'estrade.

D'Avril 1944 à 1953, l'église a été en réparation suite aux bombardements. Il fallait refaire la toiture qui avait été complétement détruite. L'église a été fermée neuf ans. Heureusement que nous avions cette chapelle.

La dernière messe a eu lieu dans cette chapelle en Juin 1991.

Ensuite la chapelle a servi pour accueillir des animations telles que les après-midis historiques et des chorales qui venaient chanter. Presque tous les dimanches, on avait des animations dans cette chapelle. Puis elle a servi de débarras au service technique : les décors de Noel, les outils… C'était plein.

Les services techniques ont déménagé et la chapelle a commencé à être restaurée, il y a sept ans.

Les bancs sont retournés à l'église et le reste a été partagé avec Saint Pierre des Corps. Monsieur le Maire ne connaissait pas l'histoire de la chapelle alors un soir, je lui ai raconté au téléphone.

Ils ont refait toute la toiture d'abord, le chauffage, l'isolation et l'intérieur a été refait par le service technique.

La chapelle est devenue la salle culturelle Louis renard et a été inaugurée le 8 Novembre 2014. Pour que la salle porte le nom de Louis Renard, il a fallu que cela passe en commission. Cela a été accepté 4 ans après.

Le presbytère a été vendu 2010. C'est un kiné qui a acheté le presbytère pour y installer son cabinet.

La Bonne Dame, notre maison

26 novembre 1966.

Notre maison, achetée en 1961, rénovée en 1965.

La vigne : Les vendanges, le berlot et la confrérie

Pique-nique dans les vignes. Octobre 1947.
Avec mes beaux-parents

Cave Octobre 1960

Paul et Jean-Jacques

Cave Avril 1964

Octobre 1967. Des employés et un jeune de
L'assistance dans la camionnette des
vendanges

Berlot des rouges dans la camionnette.
Conneuil

Mes parents dans notre cave.

« COTERIE DES CLOSIERS » de MONTLOUIS

Dans la cave Courtemanche. Novembre 1973.

Banquet d'intronisation de la confrérie « coterie des Closiers »

« L'odeur du vin, O combien est plus friant, riant priant, plus céleste, plus délicieuse que d'huile » Rabelais.

La culture : Les travaux des champs, les moissons, les endives, la fête des laboureurs.

Les battages. Les aidants devant la machine. Août 1941

Les moissons. Août 1965. Jean-Jacques

Les travaux des champs

Fête des laboureurs. 1 er Mai 1967
Marie–Claude

Fête des laboureurs. 1 er Mai 1976. A la cale sèche. Avec Monsieur Moreau
et son épouse Cécile, la sœur de Paul.

La culture : Quand il faut composer avec le bon ou le mauvais temps !

Le Cher. Hiver 1962–1963

Le Cher .Crues du printemps 2016

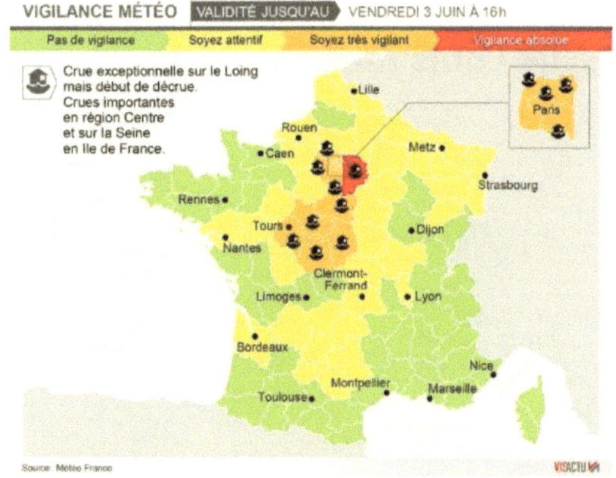

Les crues dévastatrices. Champ de blé de Frédéric, mon petit-fils. Des mois et des mois de travail pour rien.

Le champ de maïs qu'il venait de semer 8 jours avant la crue.

Le champ de millet qu'il a semé en urgence pour limiter les pertes.

De la chapelle à la salle Louis Renard

Tours, le 15 Décembre 1929.

MES CHERS PAROISSIENS,

Bien des fois, depuis qu'il dessert La Ville-aux-Dames, votre Curé a recueilli, parmi vous, les doléances des uns et des autres se plaignant de l'éloignement de l'église qui, ajouté à la multiplicité des occupations de la maison, ne leur permet pas de se rendre aux offices aussi souvent ni aussi facilement qu'ils le désireraient.

Pour sa part, il a souvent déploré que vos vieillards et vos tout jeunes enfants fussent privés, en raison de la distance, de la satisfaction de participer, le dimanche, à la vie religieuse de la paroisse.

Désireux de porter remède à cette situation, — et les circonstances s'y prêtant actuellement, — il a donc formé le projet, — ainsi que l'annonce vous en a été faite le jour de la fête de Sainte-Cécile et de Sainte-Barbe, — de créer un centre religieux au Grand-Village, au plein milieu de l'agglomération principale de La Ville-aux-Dames.

Il s'agit de transformer, là, une grange en Chapelle de secours où, — sans abandonner l'église paroissiale, — on pourrait célébrer la messe, faire les catéchismes, organiser des réunions, le soir, pendant le Carême, etc.

D'après l'évaluation de l'architecte les frais de transformation s'élèveraient à *trente mille francs*, environ.

C'est une somme évidemment assez ronde à recueillir. Mais, jusqu'ici les paroissiens de La Ville-aux-Dames ont toujours répondu avec empressement aux différents appels qui leur ont été adressés, depuis 7 ans, pour l'ameublement et l'ornementation de leur église. Je ne doute point que, dans la circonstance présente, ils n'aient à cœur de faire preuve d'autant de sens chrétien que par le passé. Et une fois de plus, je viens solliciter la générosité de tous en faveur de cette œuvre qui est capitale pour le bien de la paroisse.

J'accepterai avec le plus grand plaisir et avec reconnaissance toutes les offrandes, quelles qu'elles soient, ou riches ou modestes, qu'on voudra bien me remettre ou me faire remettre ; car il importe que la nouvelle Chapelle soit l'œuvre de la bonne volonté de tous sans excepter personne, puisque tous sont appelés à en bénéficier un jour ou l'autre, pour eux-mêmes, pour leurs vieillards ou leurs infirmes, pour leurs enfants ou leurs petits-enfants. Chacun saura se faire un devoir de donner en raison de son bon cœur et de ses moyens.

Vous contribuerez ainsi à faciliter et à étendre le règne de Dieu dans la paroisse, et Lui, qui ne se laisse jamais vaincre en générosité, vous en récompensera en répandant ses bénédictions les plus abondantes sur vous, sur vos familles, sur vos travaux.

Toute facilité sera d'ailleurs donnée à chacun de faire son offrande en plusieurs versements. L'essentiel est que je sache *au plus tôt*, et en tout cas *avant Pâques*, le total approximatif des sommes sur lesquelles je puis compter.

Je vous serai donc très reconnaissant de vouloir bien remplir et me retourner, sans trop tarder, le bulletin d'adhésion ci-joint, en inscrivant très lisiblement le *montant de votre offrande*, le *nombre de versements* que vous désirez faire, et *votre signature*.

Je vous en remercie très cordialement à l'avance, et je vous prie d'agréer, mes chers Paroissiens, l'expression de mes sentiments bien dévoués en N.-S.

P. AUDET,
Curé de La Ville-aux-Dames.

La dernière messe à la chapelle. 30 Juin 1991

en Réunion ... le Juin 1991 au conseil municipal

Inauguration le Samedi 25 octobre 1997

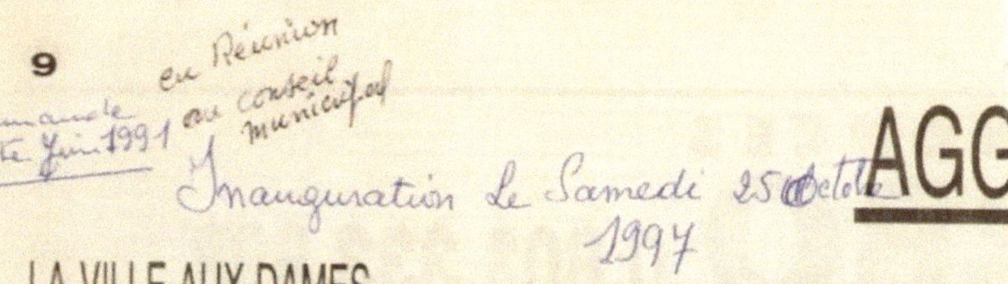

AGG

LA VILLE-AUX-DAMES

Cor. M. Senné, 02.47.44.11.91

La salle Louis-Renard inaugurée

Désormais, il y aura trois exceptions à La Ville-aux-Dames en ce qui concerne la dénomination des édifices publics qui portent tous un nom de femme.

Il y avait déjà le gymnase Lionel-Delaunay, et la salle Claude Pechard, il y aura dorénavant la salle Louis-Renard, et c'est justice tant le personnage aura marqué la vie de la commune. C'est donc l'ancienne chapelle située au Grand-Village, à deux pas de la résidence Jeanne-Jugan, qui a été choisie pour rendre hommage au fondateur de la musique municipale.

Lors de l'inauguration, famille, amis et membres du conseil municipal étaient réunis pour un moment à la fois sympathique et plein d'émotion.

Une émotion très marquée lorsque Mme Renard, belle-fille de Louis-Renard et femme de Lucien, ancien président de la musique, coupa le ruban officialisant la dénomination, en présence de M. Leclerc, sénateur-maire. Une plaque a également été dévoilée.

« Nous voudrions que cette salle soit tournée vers la musique, la culture », dira M. Leclerc dans son discours avant de rappeler que « cette salle doit trouver toute sa place dans la commune ». Le maire a voulu rendre hommage non seulement à Louis Renard et à sa famille, mais également à la musique municipale. « Il faut remercier la musique d'être toujours fidèle, et nous en sommes très reconnaissants. La musique est habitée par l'amitié », dira-t-il avant de donner la parole à Paul Bonnet, président de la musique depuis vingt ans à la suite de Lucien Renard. Paul Bonnet a formulé, à propos de la musique municipale, des vœux d'espérance dans la continuation de l'activité et d'une collaboration avec la musique du centre Camille-Claudel. Afin de perpétuer l'œuvre engagée par le fondateur de la musique.

Louis Renard en bref

■ A vécu de 1864 à 1956

■ On pense qu'il a appris la musique avec le curé de l'époque de son enfance et à partir de 17 ans, il tint l'harmonium de l'église et de la chapelle.

■ A son retour du service militaire, tout en étant cultivateur, il forme des élèves et en 1891, il fonde la fanfare municipale.

■ En 1892, mariage avec Marie-Clotilde Moreau.

■ Il dirigea la musique jusqu'en 1935, année du décès de son épouse. Il continua cependant à jouer jusqu'en 1955.

■ Louis-Renard a reçu les Palmes académiques, le 10 février 1923.

■ *Les données sont issues de l'ouvrage sur l'histoire de la musique à La Ville-aux-Dames.*

Mme Renard, belle-fille de Louis dévoile la plaque.

Inauguration de la salle Louis Renard et anniversaire centenaire de la guerre 14/18 le 08 Novembre 2014.

Chapitre 5

De Souvenirs en Souvenirs ...

Les vacances :

Nous ne prenions pas beaucoup de vacances à l'époque mais nous les savourions à chaque fois. Nous partions souvent pendant une semaine avec une cousine germaine.

En 1963, Marie Claude avait douze ans, elle est partie avec des amis en vacances. Ils avaient un garçon qui avait un ou deux ans de plus que Marie Claude. Ils ont loué pendant 15 jours à St Jean de Monts. Petit à petit nous nous sommes attachés à la Vendée.

En 1971, il s'est construit le premier lotissement de merlin plage. Nous sommes partis un lundi de pâques. Nous avons choisi l'appartement sur plan à St hilaire de Riez. Nous avions retenu un F2 qui comprenait une très grande cuisine, un salon et une très grande chambre, On a pris le rez de chaussée avec un petit jardinet clôturé pour les petits enfants à venir.

En mai 1971, <u>Véronique est née</u>, la fille de Jean jacques et on a pris possession de notre appartement en juillet 1971. Petit à petit nous avons emménagé. Nous avions des meubles simples : une armoire, un lit, un sommier, la cuisine en formica, une table, des chaises et un canapé. C'est le marchand de meuble de Bléré Pelegri qui nous a emménagés. Nous étions devenus amis au fil des dimanches. Le magasin était ouvert le dimanche et nous y allions souvent.

C'était la première fois qu'ils allaient à la mer. Nous sommes restés amis. Mes petits enfants ont apprécié d'aller en vacances aussi en Vendée.

J'ai des souvenirs précis et précieux là-bas. Avoir eu un lieu aussi où nous pouvions nous retrouver, c'était important. On a passé du temps à St Jean Monts à manger des chichis. C'était formidable. Il y avait un marché deux fois par semaine. C'était un endroit très vivant. On revenait à travers les dunes, à pied, avec les courses. Il y avait une petite superette, une boucherie, une boulangerie. Tout le monde se connaissait.

C'était des moments de suspensions, des moments privilégiés. Au bout de 45 ans, cela a beaucoup changé bien sûr. Je n'y suis pas retournée depuis 8-9 ans. Beaucoup ont revendu. Les commerces ne sont plus à côté.

La musique

Je n'étais pas musicienne mais en épousant Paul, je suis rentrée dans une famille de musiciens. Le grand père de mon mari, Louis Renard était le directeur de la fanfare. C'est lui qui a formé la fanfare municipale de la Ville aux Dames. Il participait à beaucoup de festival de musique.

Il a célébré les dernières messes de Noel 1955 en jouant de l'orgue. Il a joué jusqu' au bout. Il est décédé le 25 février 1956 à l'âge de 92 ans. Mon mari jouait du saxophone, il en avait deux. Jacques, son frère, jouait de la basse.

Tout le monde dans cette famille jouait de la musique. C'était plus qu'une tradition, c'était une véritable transmission.

Mon mari avait des cousines germaines qui étaient jumelles et qui chantaient merveilleusement bien. On disait même qu'elles auraient pu faire carrière. Ce n'était pas leur désir mais elles auraient pu percer à la télévision. Elles avaient chacune leur voix et elles interprétaient souvent la chanson : A l'auberge du cheval blanc. Elles ont pris la suite du théâtre avec l'abbé Jérôme.

Dans chaque commune, il y avait des fanfares municipales et ces fanfares se réunissaient pour faire des ensembles musicaux.

On se retrouvait à la Sainte Cécile et après le repas on jouait de la musique. La sainte Cécile, c'est le 22 novembre. Soit cela tombait le dernier dimanche de novembre soit début décembre. Sainte Cécile, c'est la patronne des musiciens. On célébrait la messe et après on allait au café de l'union rue Maryse Bastié. Il y avait le banquet en chanson, en musique. C'était des bons moments. La guerre nous avait même privés de la musique puisque jouer de la musique était strictement interdit tout comme les bals.

La Ville aux Dames était en zone occupée alors comme pour nous prouver que nous étions en vie et pour croire en cette vie malgré l'horreur, des bals clandestins s'organisaient en dehors de la ville.

Grâce à la fanfare, nous avons pu faire quelques voyages.

<u>Les voyages :</u>

<u>Septembre 1958:</u> Une semaine à Bruxelles pour visiter l'exposition universelle et plus particulièrement le monument qui avait été créé spécialement pour cette occasion : L'Atomium.

<u>En 1962</u>, nous avons visité l'Italie. Venise : c'est une ville magnifique.

<u>En 1969</u>, Il y a eu Lourdes. Nous avons fait avec Paul un circuit de quelques jours.

Puis un autre souvenir de voyage et d'amitié : Megève.

<u>En Mars 1978</u> : Nous avons fait avec Paul un voyage de quelques jours avec nos amis Mr et Madame Chatrefoux à Megève. Leur fils faisait un stage dans un grand hôtel restaurant : Le Mont d' Arbois. Il y avait beaucoup de neige. On a passé deux jours formidables.

<u>En Juin 1979</u> : Nous avons visité Paris avec l'union commerciale de Bléré. Il s'agissait d'un voyage que nous avions gagné à la Cavalcade. Nous avons visité et déjeuné à l'assemblée nationale à l'hôtel de ville de Paris, puis Beaubourg, le quartier latin.

Il y a un voyage qui m'a profondément marqué mais que j'ai fait seule puisque Paul nous avait quittés.

En 1991, je suis donc partie en voyage organisé en Pologne. J'ai visité l'Allemagne, Prague, Varsovie, Cracovie, et le camp de concentration Auschwitz à Oświęcim.

C'est Bernard Debré, chirurgien à Paris et Philippe Briand qui avaient organisé ce voyage. J'ai fait la connaissance de Philippe Briand alors qu'il venait de finir ses études. Il venait de perdre ses parents dans un accident de voiture. Il était venu chez sa tante qui était grossiste aux Halles et au marché de gros à Rochepinard et il l'aidait. Lorsqu'il a perdu son épouse, je lui ai envoyé mes condoléances et il m'a répondu depuis l'assemblée générale. C'est un homme de principe.

Le groupe avec lequel je suis partie était très bien et nous avons passé de très bons moments. C'était un voyage organisé sensationnel. Cinq jours de fous rires, cinq jours agréables de par la diversité, l'échange. Je suis partie avec un de mes cousins : Marcel et une amie qui habitait Saint Cyr sur Loire. C'était un peu comme être en famille. Je n'ai pas regretté ce voyage. Mon amie était beaucoup plus âgée que moi et j'ai partagé ma chambre d'hôtel avec elle. Le dimanche après-midi, j'allais souvent déjeuner chez elle. Elle était très dynamique, intelligente.

Ce qui m'a le plus marqué à Varsovie, c'est que la vie n'était pas la même que chez nous. On sentait la misère. Il y a le restaurant de l'Etat à Varsovie, on y a dîné un soir. Le Pape Jean Paul 2 est né à Varsovie.

A Varsovie, nous sommes allés sur la tombe du père Jerzy Popiełuszko qui avait été assassiné en Octobre 1984 parce qu'il luttait fermement contre le régime communiste en place à cette époque. Beaucoup de polonais se sont expatriés en France pour gagner mieux leur vie et pour fuir le régime communiste.

Les femmes tricotaient beaucoup et vendaient leurs tricots sous un hall pour se faire un petit peu plus d'argent. La Pologne était un pays pauvre et les polonais étaient très affectueux.

C'était un peu un voyage d'études aussi car il y avait des étudiants qui nous ont accompagnés. Un peu comme un voyage de reconstitution de la guerre.

Nous avons été bouleversés lors de la visite d'Auschwitz. Bien sûr on a en beaucoup parlé de ce camp de concentration mais le voir c'est bien différent : les barbelés, se retrouver dans les chambres à gaz, voir les tas de chaussures... C'est douloureux et bouleversant. Moi, cette petite fille à qui cette horrible guerre a volé les plus doux rêves, je me disais ce jour-là « Oublier ? On ne peut pas oublier. Jamais ! »

Nous sommes restés 3 jours Poznań. On a été reçu dans un grand hôtel. Puis nous avons visité Prague qui est une ville magnifique.

Nous avons visité la cathédrale à Czestochowa: de toute beauté, je m'y vois encore. Parfois je me refais la rétrospective de ce si beau voyage.

De Souvenirs en Souvenirs : La Vendée

St Gilles Croix de vie. 19 septembre 1971.
Mes beaux-parents et ma maman

Notre appartement. Août 1977. St hilaire
de Riez

Notre appartement. 21 Septembre2005. St hilaire de Riez
Avec Jean- Jacques, la dernière fois où j'y suis allée.

De Souvenirs en Souvenirs : La musique

Louis Renard lors d'un festival de musique à Veretz et le maire Mr Poitevin

De Souvenirs en Souvenirs : Les voyages

Italie 1962

MEGÈVE, Mars 1978
Devant l'hôtel-restaurant
Le Mont d'Arbois

Beaubourg, Juin 1979

Voyage en POLOGNE

Allemagne : notre hôtel à Berlin

Poznań

Prague

La cathédrale de Czestochowa

Auschwitz

Cracovie, Jeanne et les pigeons

De Souvenirs en Souvenirs : pêle-mêle d'amour et d'amitié

Octobre1967.A la cave. Nos amis : Marie–Thérèse et Maurice Chatrefoux

21 septembre 2005. Rezé les Landes
Lilette Guillery

Jean et Simone Maillet, les amis de Chauvigny.

Repas pour l'Assomption en 2007 avec le père
Bernard Teillet et Madeleine Brocherie

Le lendemain du Repas pour l'Assomption en
2007 , on célèbre mes 80 ans.

La grande tante Léa Renard et Jeanne Chatrefou, ma belle sœur.

Joyeux anniversaire!

Refrain
Chantons ensemble à haute voix
Notre amitié, l'amour la joie,
Avec nos vœux les plus sincères,
A l'occasion de ce bel anniversaire!
(air green Allright)

1° Chère Monique, cette chanson
N'a pas beaucoup de prétention;
Elle veut te dire tout simplement
Notre amitié et nos meilleurs sentiments.
...

2° Depuis longtemps, tu connais toute
La Ville aux Dames, ses rues, ses routes;
Et la paroisse spécialement
Se trouve heureuse de t'avoir au bon moment!
...

3° Sans oublier qu'à Jeanne Jugan
Tu es chez toi, c'est évident...
Pour terminer, nous souhaitons
Que bien longtemps tu poursuives ta mission.

De tout cœur,
La Ville aux Dames
6-09-97
Fait par Louis Braud
à Monique Drussant
Joan le 03-09-1997
La Maison Pascale

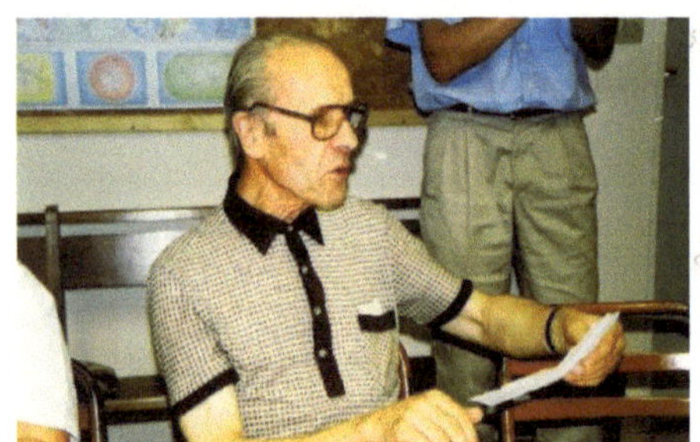

Mes 80 ans et les 60 ans de Jean-Jacques à Montlouis

Mes 70 ans avec le Père Félix Piron et Claud Paris, un cousin germain qui s'occupe de l'animation de chant à la paroisse et qui com beaucoup pour moi.

Chapitre 6

Un autre chemin : le bénévolat pour se reconstruire

Le bénévolat fut pour moi le chemin que je devais prendre pour continuer de vivre. Cela a ouvert une autre période de ma vie : celle où je devais continuer à vivre malgré la dure épreuve que ma famille venait de subir : le décès de Paul.

C'était vital de me construire avec le choix d'un autre chemin. Chaque époque ouvre à des choix personnels : se tourner vers le fait de refaire sa vie avec quelqu'un ou bien faire le choix d'une vie tournée vers les autres, rendre service aux autres. La vie est une succession d'étapes avec des épreuves diverses et variées, des rencontres, des actes. J'ai fait le choix de rendre services aux autres peut-être pour ne plus penser à ma peine, peut-être pour panser ma propre souffrance.

J'ai commencé le bénévolat entre 1992 et 1994. Je faisais le catéchisme à la maison pour les enfants le mardi soir et le mercredi matin. Au début, j'allais au presbytère avenue Jeanne d'arc et après j'ai continué à la paroisse de la Ville aux Dames et à Saint Pierre des corps.

En 1991 lorsque le prêtre est parti, nous avons été rattachés aux fils de la charité à Saint Pierre des corps. La transition n'a pas été simple car les familles étaient habituées à la paroisse de la Ville aux Dames.

En 2003, Les fils de la charité sont partis. Certains sont partis dans d'autres villes et d'autres ont pris leur retraite. Ils ont été 50 ans sur la paroisse de saint Pierre des corps de 1953 à 2003.

Il a donc été nommé un nouveau prêtre qui se partageait entre Saint Pierre des Corps et la Ville aux Dames et pour gérer les deux paroisses, il fallait beaucoup de bénévoles. Il a pratiqué pendant sept ans.

<u>De septembre 2003 à 2010</u>, il a bien sûr été nommé d'autres prêtres par le diocèse pour gérer les besoins des deux paroisses. Maintenant c'est un prêtre qui habite Tours qui gère aussi les paroisses de la Ville aux Dames et de Saint Pierre des corps. Maintenant ils vivent en communauté à la paroisse St Etienne, rue Grécourt à Tours.

Les presbytères ne sont plus habités par les prêtres. A saint Pierre des Corps, c'est une famille d'arméniens qui l'occupe. Il y a juste une permanence à Saint Pierre Des Corps le samedi matin pour les préparations de mariages, les obsèques et les baptêmes.

<u>Jusqu' en 2010</u>, j'ai partagé mon temps entre les préparations et cérémonies pour les obsèques, les mariages, les baptêmes au presbytère de la ville aux Dames.

Quand le prêtre prenait des vacances en Août, 10 jours de vacances, on assumait tout pendant son absence avec Saint Pierre des Corps et aussi sur la semaine après les fêtes de Noël.

Une année au mois d'Août (en 2003, peut-être 2004), on a fait 5 sépultures dans la semaine. On pouvait ainsi répondre aux besoins des paroissiens même en l'absence du prêtre. On jonglait avec les deux paroisses. J'y ai passé beaucoup d'heures.

Je me souviens d'un bénévole. Il s'appelait Michel. Vers 25-28 ans, il lui a été diagnostiqué une tumeur optique. Il n'a jamais pu travailler. Et vers 49-50 ans, il a dû subir une intervention .Il devait avoir de la rééducation et c'est le prêtre qui lui a fait sa rééducation et petit à petit il s'est mis au service du prêtre bénévolement. Il a refait tous les registres paroissiaux. De fil en aiguille, il se rendait utile à beaucoup de choses.

J'allais souvent en réunion à Saint Pierre des corps. Alors je le prenais en voiture. Cet engagement bénévole a permis à Michel d'avoir des contacts, des relations. Cela l'ouvrait aussi au partage. Sans cet investissement dans la paroisse et de l'accueil que nous lui avons toujours réservé, il aurait pu avoir une vie faite de solitude et d'isolement.

Le trait d'union s'est ouvert sur la Ville aux Dames et c'est lui qui a géré les inscriptions et la comptabilité. Cela lui apportait aussi quelque chose d'autre tous les jeudis. C'est lui rendre hommage aujourd'hui que de parler de lui ici.

Le trait d'union, c'est un club du troisième âge qui propose des après-midis récréatives, des sorties et il a pu profiter de tout cela.

J'ai toujours aimé les relations humaines, le contact avec les gens. J'ai passé des heures à accompagner les futurs mariés, à préparer les baptêmes, à soutenir les personnes endeuillées et dans la souffrance de la perte d'un être cher.

Depuis 24 ans, je donnais du buis au moment des rameaux à toutes les personnes qui le souhaitaient à la résidence. Je mettais à disposition un carton dans lequel il y avait des branches de buis. Chacun prenait son brin de buis. Depuis quatre ans, c'est suivant la demande. C'est une tradition. Le Buis est béni sur la croix 8 jours avant Pâques.

Une autre tradition : La Toussaint, la fête traditionnelle des vivants et le 2 novembre, la fête des morts. A la Toussaint, nous fleurissons les tombes de nos êtres chers disparus avec des chrysanthèmes. A cette époque de l'année, le cimetière est toujours magnifique. J'ai toujours commémoré ce jour et j'ai toujours fleuri les tombes de nos parents, grands-parents.

Dans chaque commune, avant, on célébrait une messe. A partir de 1991, on a rassemblé tous les noms des défunts de Saint Pierre des Corps et de la Ville aux Dames.

Nous relevions les adresses des familles qui avait perdu un être cher entre le 1 er Janvier et le 30 Octobre pour leur envoyer un courrier leur indiquant la célébration qui allait être faite pour leurs disparus.

Le jour de la célébration, le 02 novembre, on évoquait chaque défunt et la famille brûlait un cierge et le déposait sur le porte cierge ou bien elle le gardait pour l'allumer dans leur foyer. C'est un jour de recueillement.

Je pense souvent ce jour-là à ma belle-mère. Ce fut une femme qui a beaucoup compté pour moi et qui m'a apporté beaucoup. Elle était si chaleureuse.

Mon bénévolat a été sur tous les niveaux : les préparations de baptême, les sépultures, les accompagnements pour les personnes seules, apporter du réconfort à celles ou ceux qui en avaient le plus besoin pour alléger un peu la souffrance que l'on peut traverser dans une vie.

Au foyer logement à la Ville aux Dames, j'accompagnais deux résidentes et leur famille. Quand on est fille unique, on aurait bien aimé avoir quelqu'un pour avoir du réconfort. Je les ai accompagnées jusqu' à la fin.

Il y a eu cette belle amitié avec la fille de monsieur et Madame Laurioux. La maladie d'Alzheimer, la maladie de la vieillesse s'est invitée dans la vie de Madame Laurioux. J'allais avant sa maladie lui rendre visite chez elle de temps à autre et j'ai continué à lui rendre visite au foyer logement. Elle avait une fille super.

Je suis passée par là car j'étais seule à m'occuper de ma maman qui était à la maison de retraite Ambroise Paré à Amboise. Je passais tous mes dimanches avec elle après le décès de mon mari.

J'ai aussi accompagné des résidents dans les EHPAD de Saint Denis, du grand Mail, Ambroise paré à Amboise.

Je partais le dimanche matin, je faisais le marché et l'après-midi je faisais mes visites. Dans la vie, il faut savoir aller de l'avant sinon on reste figé dans ses soucis, ses malheurs et on avance plus. On reste chez soi et c'est la déprime.

Lors de mes visites à Ambroise, les personnes se retrouvaient ensemble et partageaient des activités. On se retrouvait autour du goûter et cela contribuait au cheminement vers l'autre. De bavardages en bavardages, les résidents finissaient par se connaître un peu plus.

A la Chesnaie, qui est une maison de retraite accueillant les religieuses à la retraite à Athée sur Cher, on se réunissait avec toutes les religieuses, tous les mois. Ces temps de rencontre m'ont aidé à survivre. Nous allions soit faire une visite soit assister à une célébration

Et puis on célébrait une messe chez les personnes âgées à domicile au moment des fêtes. Aujourd'hui, il y a encore une personne qui s'occupe de cela mais qui aurait besoin d'aide. Tout cela ça disparait.

Il n'y a maintenant plus qu'une seule célébration. Le prêtre a organisé la mise en place d'un diacre puis une personne a été formée aux obsèques.

Tout est orchestré sur rendez-vous maintenant. Il n'y a plus de rencontres physiques pour préparer les baptêmes par exemple. C'est préparé plusieurs mois à l' avance.

Il n'y a plus de place à la rencontre, à la spontanéité. Tout cela parce qu'il y a moins de monde au service des autres.

Dans tous ces moments de bénévolats, j'ai vécu de très beaux moments, des moments de joie, de partage, de fraternité et d'amitié mais aussi de moments de grande tristesse, de souffrance. Lorsque je fais un tour d'horizon de cette partie de ma vie, je me dis que j'ai donné beaucoup de temps, c'est vrai mais j'ai beaucoup reçu en retour aussi. Tant qu'on le peut, il faut apporter secours à celui qui en a besoin.

Le sacerdoce de Monique

A La Ville-aux-Dames, Monique Dansault s'occupe de l'église paroissiale. Du chauffage aux fleurs, du ménage au planning des baptêmes, son bénévolat n'a pas de limite. Portrait.

EN cette veille des Rameaux, elle est venue à dix heures, accompagnée de sa voisine Julia. Elles ont les bras chargés de feuillages et de fleurs, des lauriers et des tulipes qu'elles ont coupés dans leur jardin, des œillets rouges qu'elles ont achetés chez le grossiste. Dimanche sera un jour de grosse affluence : l'église doit se mettre sur son trente et un.

« Pour les Rameaux, il faut du feuillage, c'est un symbole, explique Monique. Demain, j'irai cueillir du buis pour distribuer aux personnes qui n'en amèneront pas. Elles pourront aussi le faire bénir. »

Monique Dansault a les clés de l'église, fermée entre les offices depuis une tentative de vol l'an dernier. Cette veuve de 73 ans, ancienne agricultrice au pays, s'est mise presque naturellement « au service de la paroisse ». Une tradition familiale puisque le grand père de son mari tenait déjà l'harmonium ! Elle-même a donné longtemps des cours de catéchisme aux enfants. Aujourd'hui, son rôle est celui d'un sacristain : elle prépare l'église, allume le chauffage, installe l'autel, lave et repasse le linge de messe, nettoie les burettes et range les objets du culte après la célébration.

Les prêtres passent Monique reste

A La Ville-aux-Dames comme dans de nombreuses communes désormais, il n'y a plus de curé sur place. Les trois prêtres de Saint-Pierre-des-Corps viennent tour à tour dire la messe, le dimanche à 11 heures. Aussi le service de Monique va-t-il bien au delà du ménage et du fleurissement de l'église.

Elle est en fait un véritable trait d'union entre le prêtre et ses paroissiens. Monique tient une permanence le samedi matin. Les habitants peuvent venir s'y renseigner pour faire dire une messe, mais aussi pour les mariages et les baptêmes. C'est Monique qui remplit le planning.

Elle participe aussi aux enterrements. « C'est le plus dur. Il faut lire les textes, ce n'est pas toujours facile. J'ai parfois ressenti de grandes émotions, que je ne dois pas montrer, par respect pour la famille. Le lendemain des sépultures, j'ai besoin de rester au calme, chez moi. »

Cette semaine, Monique Dansault n'aura guère le temps de souffler. Après les Rameaux, l'église aura besoin d'un grand ménage. Le mercredi des Cendres et la veillée du Jeudi saint, qui aura nécessité une préparation particulière, précéderont la messe de Pâques à l'issue de laquelle quatre baptêmes sont prévus. A ne plus savoir à quel saint se vouer !

Brigitte BARNEOUD.

Julia, une voisine, vient aider Monique.

Le fleurissement de l'église est une des nombreuses missions de Monique.
(Photo « NR »).

C'est le Père Louis Guillot qui a orchestré cet article paru dans la Nouvelle République pour me rendre hommage.

« La rencontre discrète avec Bernadette et la vierge Marie peut changer une vie car elles sont présentes en ce lieu Massabielle, pour nous conduire au Christ qui est notre vie, notre force et notre lumière. » Benoît XVI au terme de la procession mariale le 13 septembre 2008

Résidence Jeanne Jugan 1998

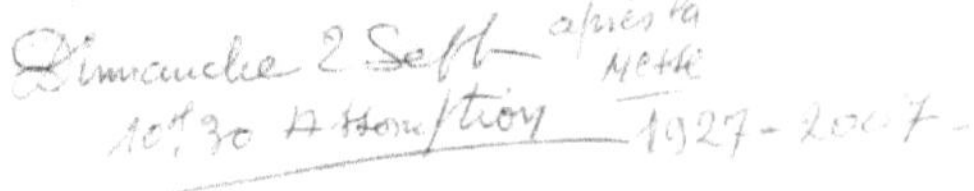

Dimanche 2 Sept — après la Messe
10h30 Assomption — 1927-2007.

Chère Monique

C'est au nom de tous les paroissiens que je te parle aujourd'hui

Depuis de nombreuses années tu es seule tu aurais pu rester chez toi entourée de toute ta famille tranquille. Mais comme Marie tu as dit "oui" au Seigneur qui avait besoin de toi pour le service paroissial. Ce service ne fait pas de bruit. C'est présence, accueil, réconfort, amour des autres et prières.

Dans l'église tout y passe, le nettoyage, les fleurs, la préparation de l'autel, le matériel pour les baptêmes et les enterrements. En bref tu as l'œil à tout. Tu es en soi Marthe et Marie. Tu as longtemps assumé la préparation aux baptêmes au sein des familles; ainsi que la préparation de la cérémonie du défunt

Pour tout cela et j'en oublie beaucoup mais pas le Seigneur. Toute la communauté te dit un grand un très grand merci. Nous te souhaitons un bon anniversaire et encore une longue période encore parmi nous. Denise

Lettre écrite par mon amie Denise, lue après la messe pour fêter mes 80 ans.
Nous avons tissé des liens très forts d'amitié.

Chapitre 7

Et si vieillir m'était conté....

Cela fera 6 ans que je suis là, au 1 er Octobre 2017. Je m'aperçois que je perds mes forces. Les quatre premières années, cela a été mais du 1 er Octobre 2015 au 1 er Octobre 2016, il n'y a pas eu d'hiver, pas de printemps, beaucoup de pluie de mai à Juin et puis la chaleur de Juillet à Septembre et je récupère mal.

On peut partager des choses à la Mafpa. Cela rassure nos proches de nous savoir ici, pris en charge. On vit dans nos résidences, on ne voit pas l'extérieur, on ne voit plus ce qui s'agrandit, change.

Tous les matins je fais une visite d'un quart d'heure à mon beau-frère Jacques et l'après-midi, on se retrouve au moment du goûter.

L'après-midi, on se retrouve pour un moment de partage jusqu' à 17h. Chacun apporte sa petite contribution, une discussion par ci, une autre par là en partageant un jeu de société.

Chacun apporte de l'eau à son moulin. Vivre en collectivité, c'est aussi faire avec ce qu'est la personne. Parfois il y a la froideur. Le vivre ensemble n'est pas facile tous les jours.

On s'aperçoit que l'on vieillit bien et pour d'autres c'est plus difficile. On apporte notre fantaisie ou pas, cela dépend de l'humeur du moment.

J'ai rencontré Jacques Foussard lorsque je faisais la messe à son arrivée ici.

Aujourd'hui on échange quelques paroles autour de la tisane. On s'exprime sur nos vécus. Pour faire un monde, il faut de la différence.

Tout le temps qu'il a fait chaud cet été, le soir, je laissais ma porte ouverte et mes fenêtres. C'est difficile de supporter la vie au quotidien.

J'ai eu 89 ans le 3 septembre 2017. Je suis allée chez mes enfants, on a fait un petit repas.

Un jour, on se dit que la vie doit se terminer. Je fais un lien avec ma maman qui est décédée à 89 ans.

Aujourd'hui, je souffre d'un manque d'amitié. Il y a un manque d'amitié et de relations avec l'âge. Cela s'estompe. Au fil du temps et des saisons, les amis sont partis, emportés trop tôt par la maladie ou tout simplement par la vieillesse.

J'ai la nostalgie du temps d'avant où nous étions très entourés par les amis. L'amitié pour moi c'est quelque chose qui vous tient en vie.

Mon regard sur la vie d'aujourd'hui

On a perdu notre savoir vivre, je crois. On est passé d'une vie dure à une autre vie, une vie transitoire : mais aujourd'hui nous sommes à l'extrême.

On devient exaspéré par rapport à ce surplus de gaspillage, de technologie de dernier cri comme ils disent. On est informatisé de partout même dans le monde agricole mais ce n'est pas mieux. Je trouve que cela engendre de la dispersion, dispersion de la responsabilité, dispersion de la valeur humaine.

Et toutes ces technologies ne valent pas le respect et la chaleur d'une relation humaine.

Quand je lis le journal aujourd'hui, je suis inquiète. La télé ne m'enchante plus guère. Toujours les jours le malaise : l'Amérique, la Guyane...... Pour les générations à venir, espérons qu'il y ait encore la paix. Tous ces attentats. Etre à l' abri où ? Le terrorisme fait naître la peur.

A notre âge ne voir que des mauvaises choses, cela devient insupportable. On est toujours plongé dans la tristesse, le doute l'angoisse. Il n'y a pas de moment de répit, d'espoir. On ne sait pas où va le monde. Difficile aujourd'hui pour ces policiers qui affrontent la dure réalité d'une vie et qui se font attaquer par exemple.

Les politiques interviennent trop tard. On brise notre santé à regarder cette vie qui nous est dépeinte par les journalistes. Cela devient lassant et cela nous terrifie. C'est un sentiment que l'on partage avec les résidents ici. Les générations d'aujourd'hui regardent-elles plus ou moins les informations ? Qu'en disent-elles ?

Nous qui avons vécu des choses horribles pendant la guerre, nous sommes terrifiés de voir ce qui est dit, décrit à la télé. Revoir des choses pires aujourd'hui cela nous anéantit.

J'ai aimé faire revivre le passé tous ces mercredis après-midi, par petits épisodes choisis. C'était un peu comme une échappatoire mais c'est surtout pour laisser à mes enfants, mes petits-enfants et mes arrière-petits-enfants un petit bout de leur histoire, une empreinte familiale, un peu comme un blason au fur et à mesure du temps qui passe sur cette belle partition musicale que nous offre la vie.

Résidence Jeanne Jugan. Carnaval 2014

Résidence Jeanne Jugan. Carnaval 2017

Résidence Jeanne Jugan. 23 septembre 2016

Résidence Jeanne Jugan. Barbecue Juillet 2014

Résidence Jeanne Jugan. Travaux de couronne
pour le thélèthon 2015

Résidence Jeanne Jugan. Atelier d'écriture Mots
de femme Juin 2017.

Je finirais mon livre par un poème que j'ai écrit pour notre petit ange Clémence que je porte bien tendrement dans mon cœur.

Mamie aime la Vendée,

Où Clémence a fait ses premiers pas sur les galets.

N'oublions pas ton amour qui nous a tant enchantés.

Imaginez cette joie partagée,

Que de bonheur lui a été donné !

Ultime destin, ton sourire ainsi photographié

Entre nos mains, nos cœurs, nos larmes séchées.

Mignonne, quand la lune éclaire la plaine

Où le vent soufflera, sur notre beau domaine

Nous irons écouter la chanson des blés d'or.

Implorons la tendresse de Clémence dans son cœur qui bat très fort.

Que le rossignol vienne chanter encore au-delà de ses efforts.

Ultime voix profonde, assoupie dans son nid d'épis d'or.

Embaume cette chanson divine à l'heure où chantent les blés d'or.

Farandole de femmes

Je suis la Femme féminine :

Merci la vie de ce don offert en cadeau.

Rien ne s'écrit sur mon front.

Imaginez moi porter un chapeau,

Pour me mettre en valeur pour de bon

Je suis l'Ultime source de chaleur

L'emblème sortant du cœur

Je suis la femme funambule :

Gardienne du bon équilibre

Mais fragile est ma bulle !

Je suis la femme fidèle,

Câline et aimante.

Y' a pas plus sérieuse que moi !

Mais attention à mes ailes !

Je suis la femme fatiguée

Imaginez le poids de mes années !

Que vous n'avez pas toujours

choyées, Messieurs !

Vous qui espériez la femme fée.

J'étais une femme fatale :

Facile, futile et fière.

Mais sache fillette que le temps

s'emballe

Et que tout ça c'est éphémère.

Fardée pour séduire

Je suis une femme farceuse aussi

Un peu folle parfois

Mais aimant tellement la vie.

Je suis la femme féconde

Ronde, je te protège.

J'attends ta venue au monde

Demain je serais femme maman.

Poème collectif écrit dans le cadre de l'atelier mots de Femmes à la MAFPA avec Mme Renard, Mme Matignon, Mme Dabiran, Mme Gandon, Mme Madonia et moi-même.

FSC
www.fsc.org
MIXTE
Papier issu
de sources
responsables
Paper from
responsible sources
FSC® C105338

Edition : BoD - Books on Demand
12/14 rond-point des Champs Elysées, 75008 Paris
Imprimé par Books on Demand GmbH, Norderstedt, Allemagne
ISBN : 9782322086184
Dépôt légal : novembre 2017